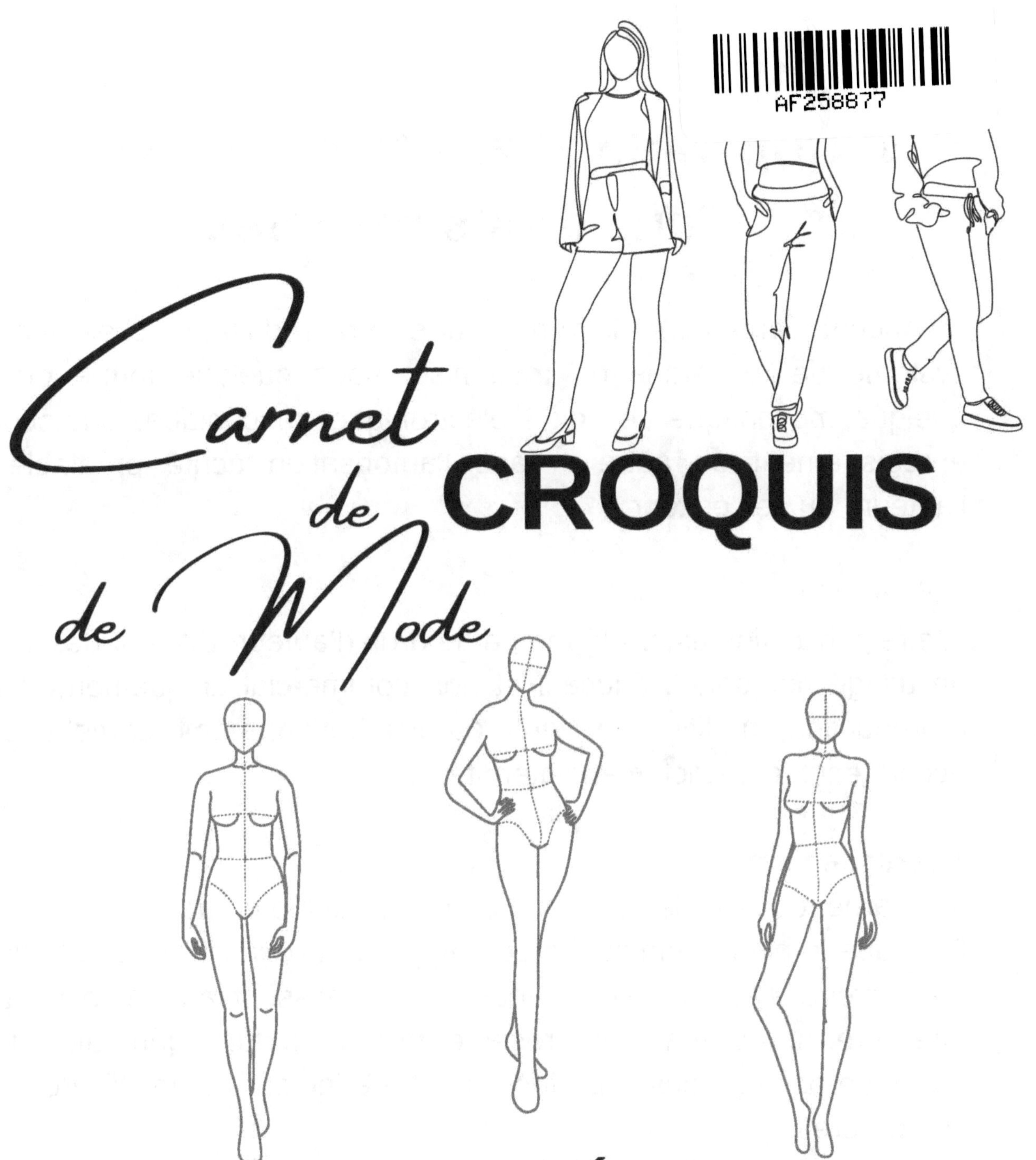

Carnet de CROQUIS de Mode

SILHOUETTES FÉMININES

Du débutant à l'avancé

Niky Jadesson

1

© Copyright 2025 - Niky Jadesson
Tous droits réservés.

Avertissement :

Ce carnet de croquis est conçu pour la pratique créative et éducative. Bien que le plus grand soin ait été apporté à l'exactitude et à la clarté du contenu, l'auteure et l'éditeur ne garantissent aucun résultat ou effet précis. Le matériel présenté est de nature générale et ne constitue pas un conseil professionnel. Le lecteur est invité à exercer son propre jugement.

L'auteure et l'éditeur déclinent toute responsabilité résultant de l'utilisation de ce livre.

Merci de respecter les droits de la créatrice !

bienvenue

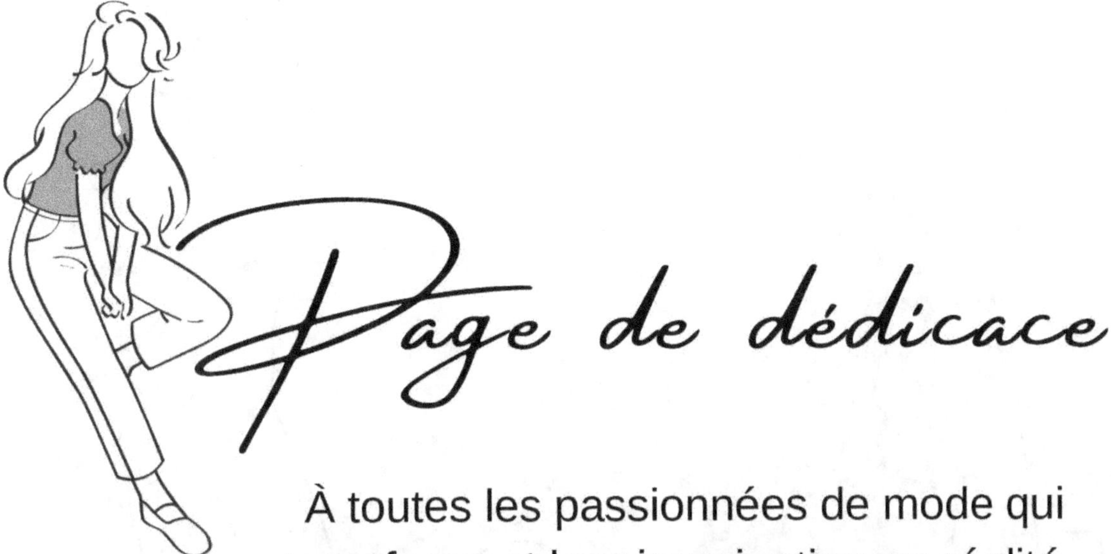

Page de dédicace

À toutes les passionnées de mode qui transforment leur imagination en réalité,

ce livre a été créé pour vous - pour explorer, pratiquer et créer librement.

Que chaque page nourrisse votre créativité, développe vos compétences et vous rappelle que chaque trait rapproche votre vision de la réalité.

Et à tous les mentors, amis et proches qui inspirent ce parcours - merci de faire partie de cet art.

Avec amour et passion,

Niky Jadesson

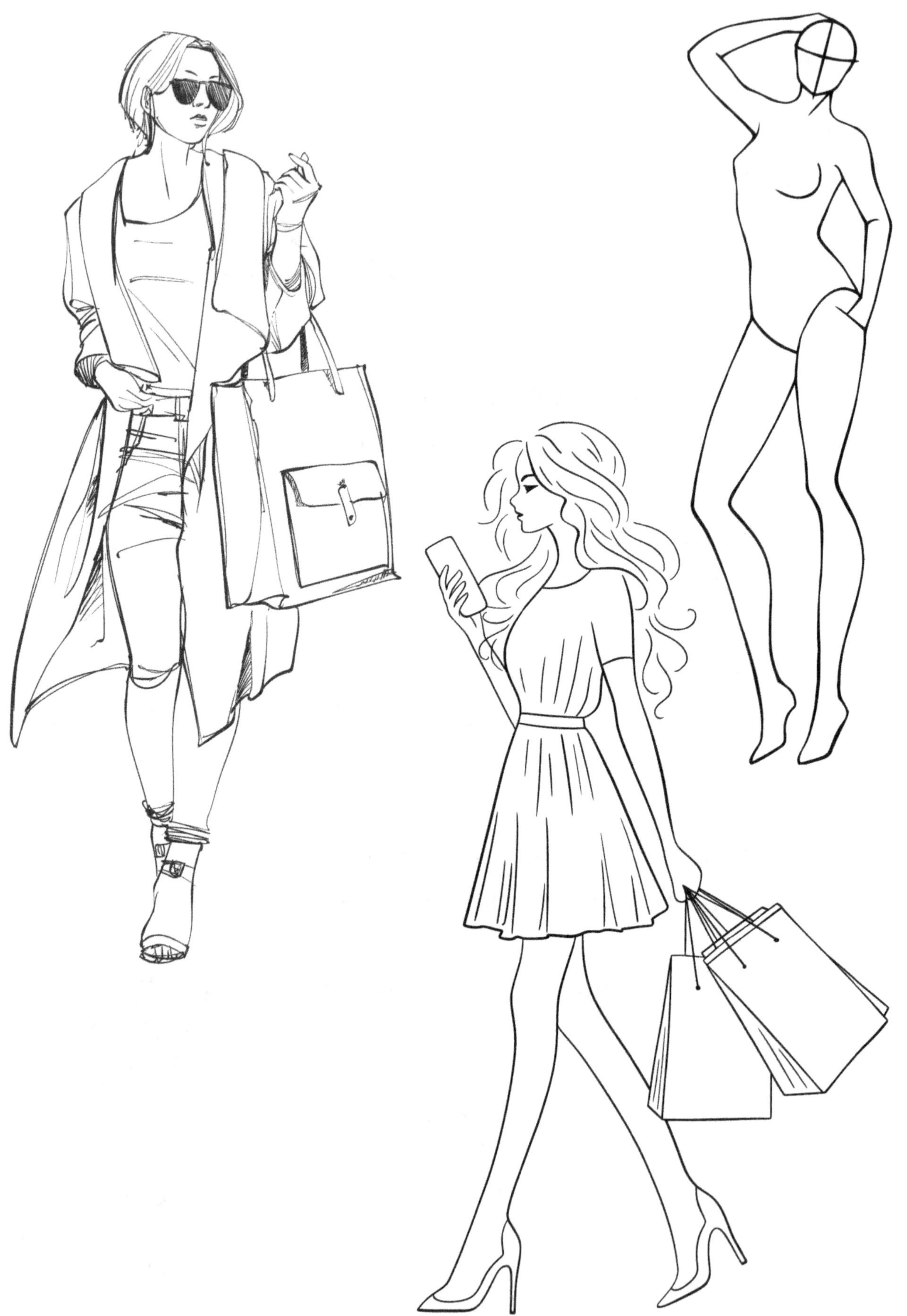

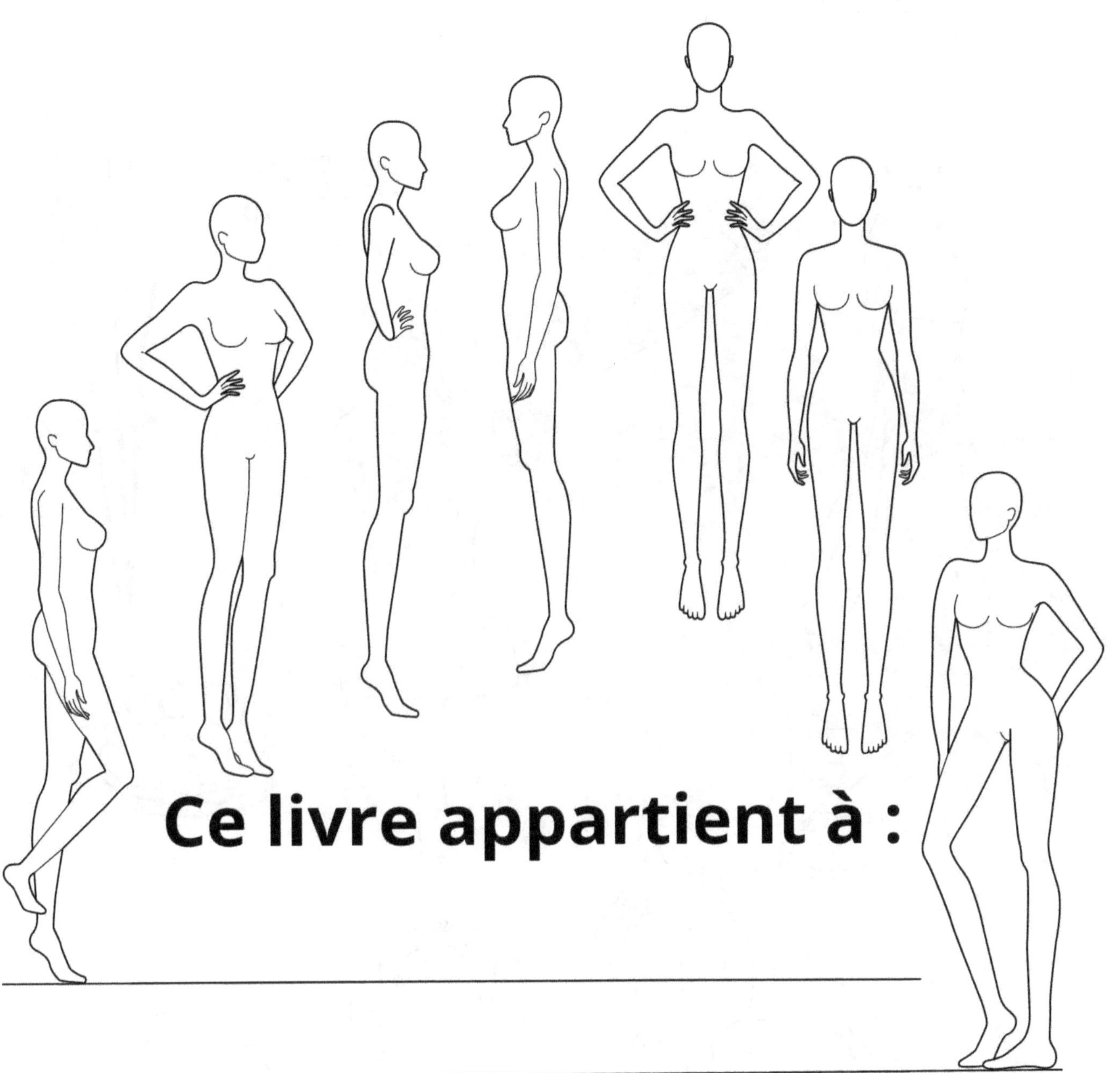

Ce livre appartient à :

____

____

____

(votre nom)

Niky Jadesson

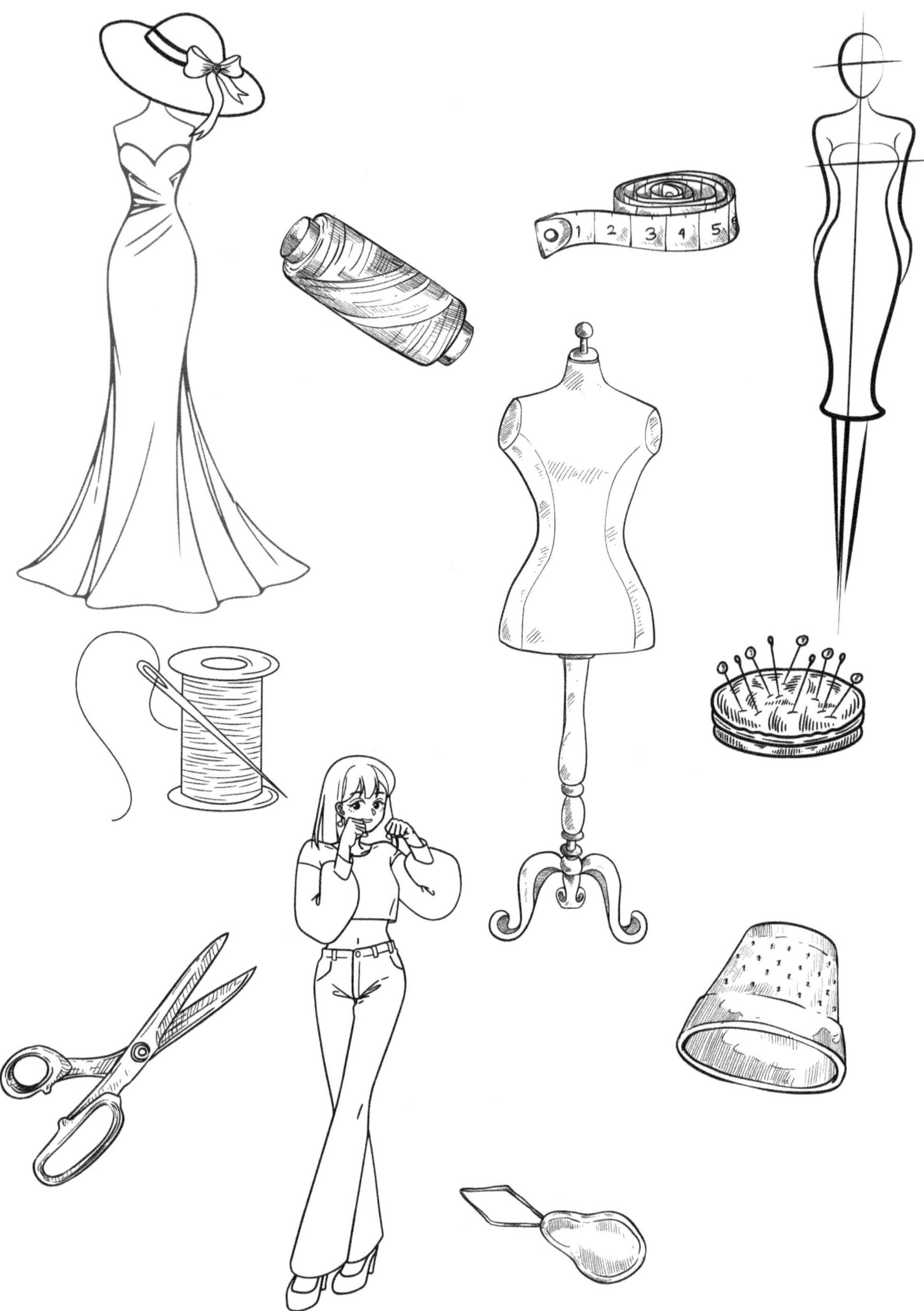

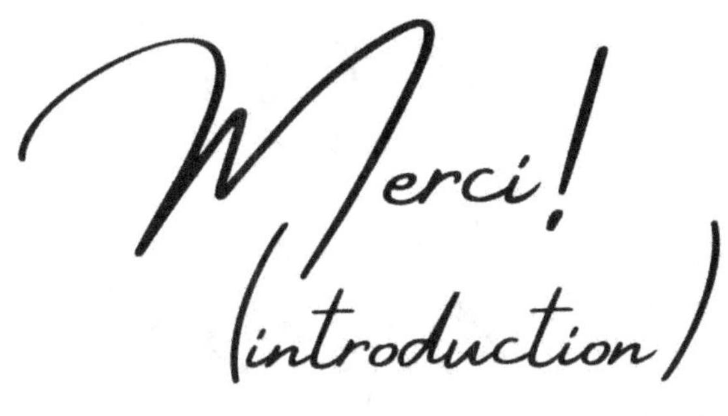

Merci!
(introduction)

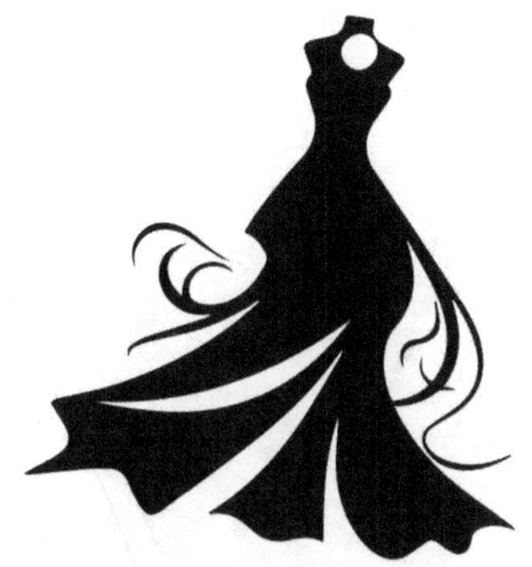

Chère amie,

Merci infiniment d'avoir choisi ce carnet de croquis !

J'espère qu'il t'inspirera à dessiner, expérimenter et savourer l'art du design de mode.

Chaque page est une invitation à donner vie à tes idées créatives.

Si tu souhaites être informée des prochains livres ou partager ton avis, n'hésite pas à rechercher « **Niky Jadesson Books** » en ligne.

Ton soutien compte énormément.
Si ce livre t'a plu, un court commentaire aide d'autres lecteurs à le découvrir et soutient l'édition indépendante.

★ ★ ★ ★ ★

Avec toute ma gratitude,

Niky Jadesson

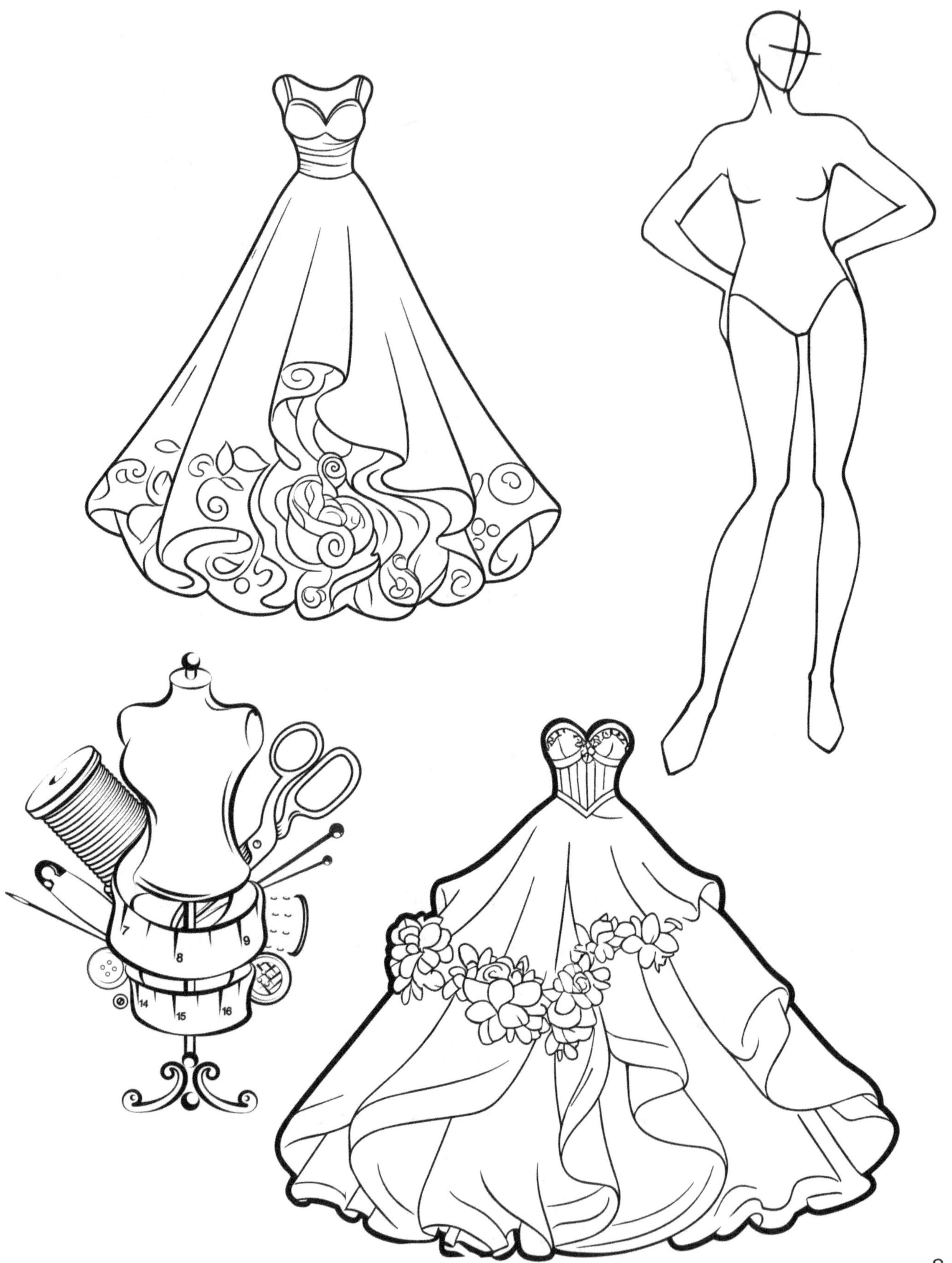

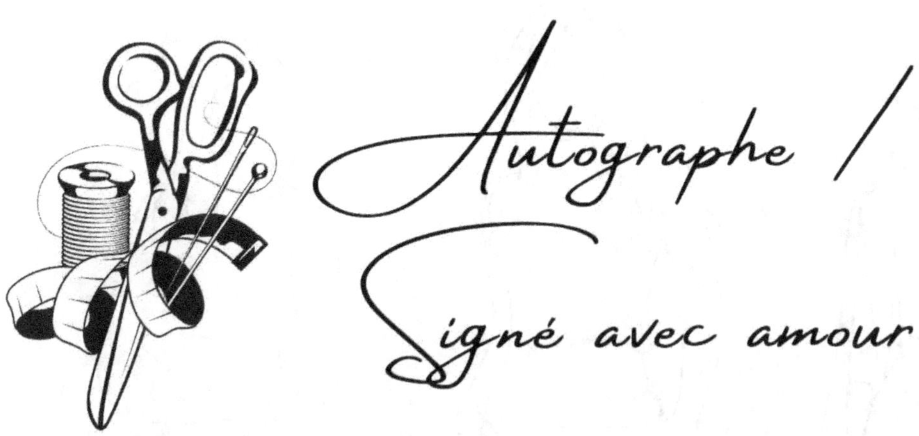

Chère _______________________,

Ce carnet est pour toi - pour créer, imaginer et célébrer ta vision unique.

 Puisses-tu te rappeler que chaque trait tracé est une étape vers la maîtrise de ton art.

De tout cœur,

____

(Signature)

Date : _____________

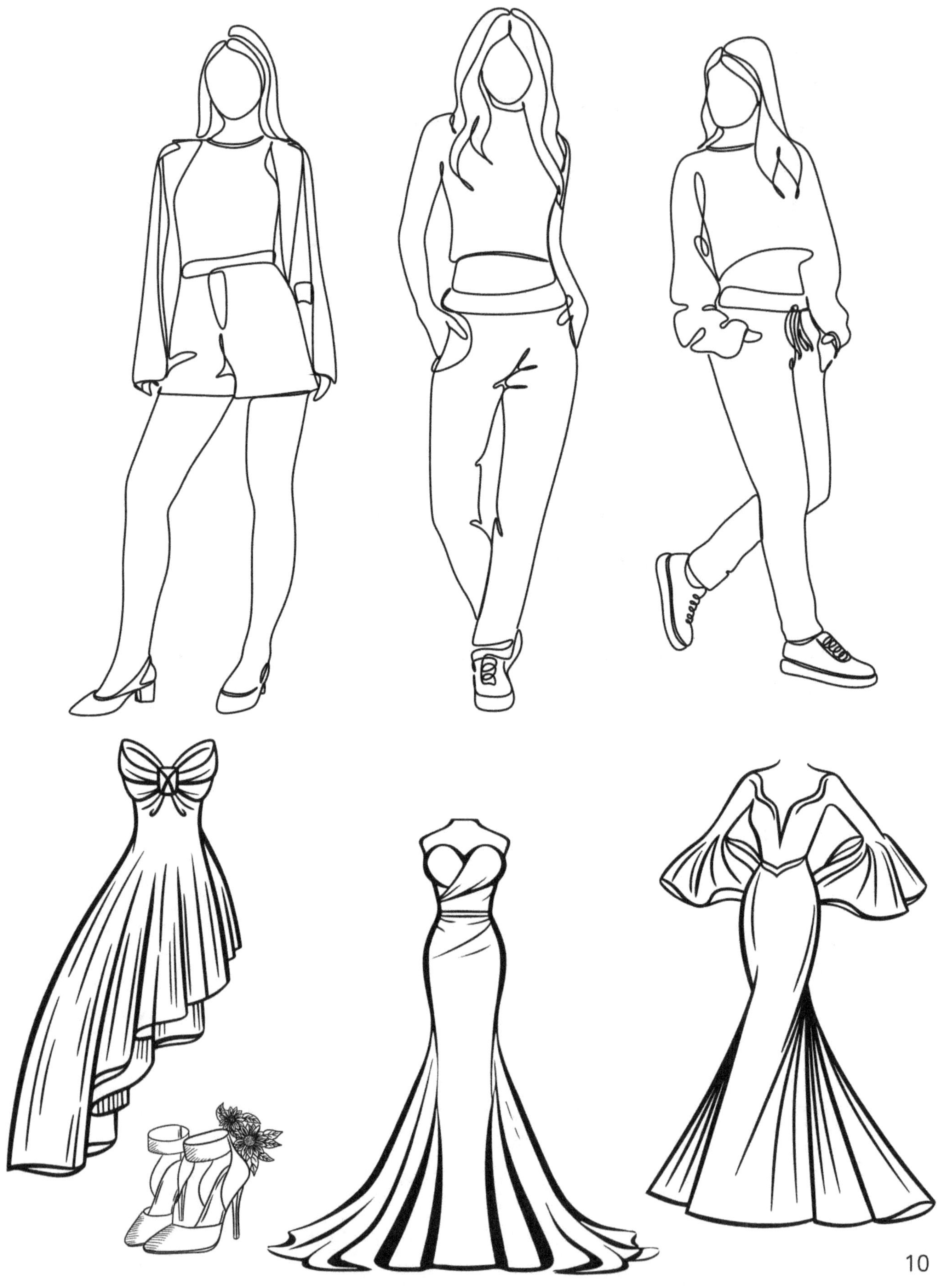

Table des matières

Table des matières (suite)

★ **Remarque** : Les modèles de corps - silhouettes féminines - et les pages d'exercices sont volontairement répétées pour favoriser un apprentissage structuré, une créativité progressive et une diversité de styles.

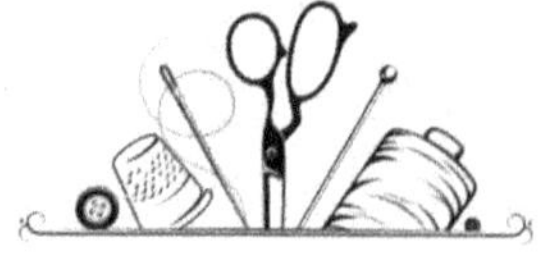

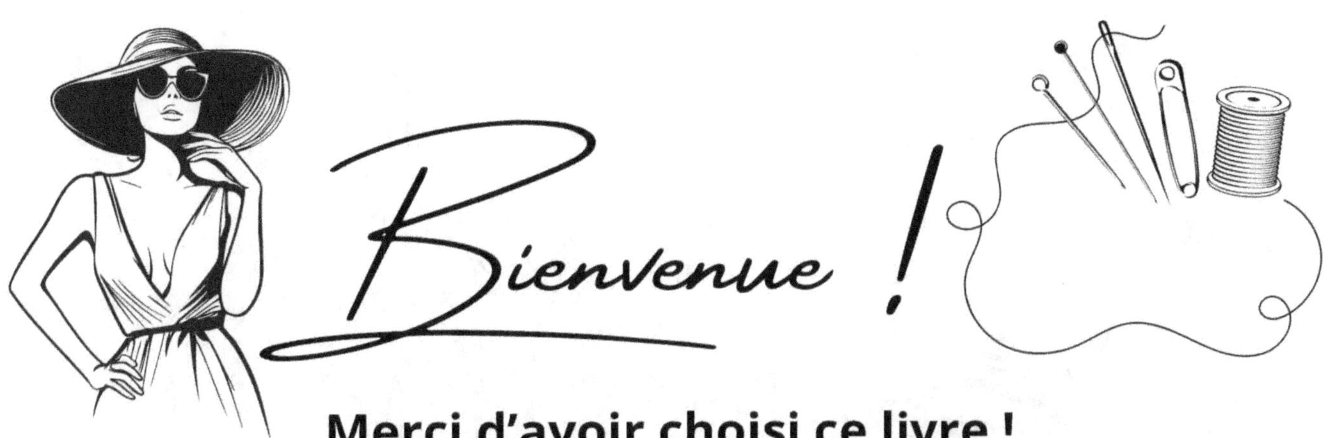

Bienvenue !

Merci d'avoir choisi ce livre !

La mode, c'est bien plus que des vêtements et des tendances - c'est un langage d'expression personnelle.

Chaque croquis raconte une histoire, et chaque création révèle une vision de qui nous sommes ou de qui nous voulons devenir.

Ce carnet de croquis a été conçu pour vous aider à explorer, à expérimenter et à perfectionner vos compétences tout en donnant vie à vos idées de mode.

Prenez votre temps, testez différentes silhouettes, matières et styles - et surtout, profitez du processus.

Que vous soyez débutant(e) ou déjà sur votre chemin créatif, cet espace est le vôtre pour grandir et briller.

Nous sommes honorés de faire partie
de votre parcours.

Bonne création de mode !

Niky Jadesson

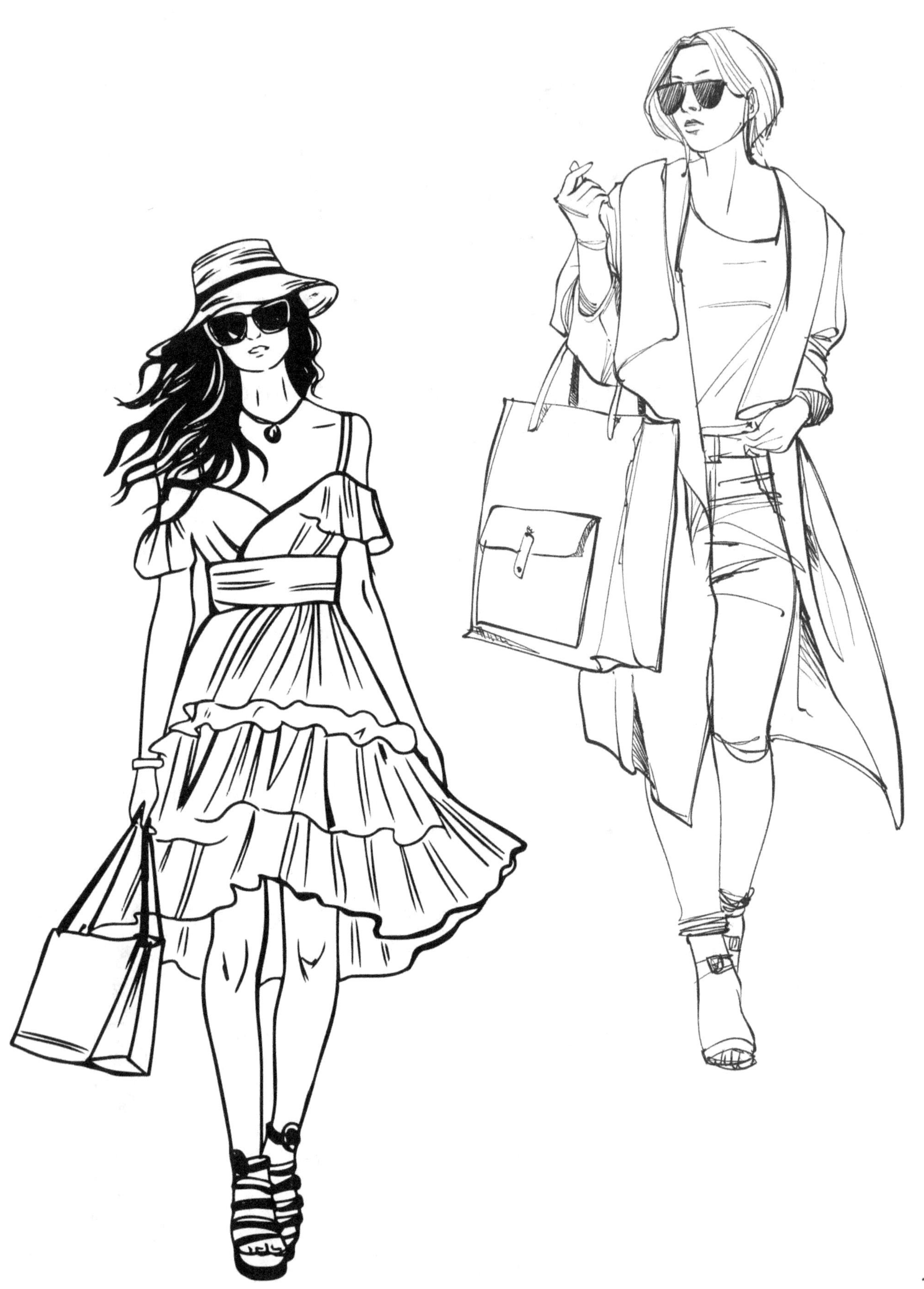

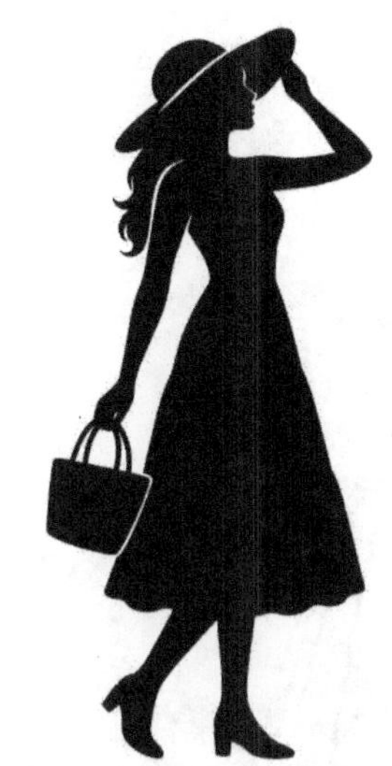

Préface de l'auteure

Cher lecteur, chère lectrice,

Bienvenue dans ce voyage créatif au cœur du design de mode.

Ce livre a été conçu avec un seul objectif : vous offrir un espace où l'apprentissage rencontre la pratique, et où chaque page peut éveiller une nouvelle inspiration.

À l'intérieur, vous trouverez à la fois des repères et de la liberté. Des repères, grâce aux explications sur les bases de la mode, les silhouettes, les tissus et les conseils professionnels.

De la liberté, grâce aux modèles de corps, aux inspirations de tenues et aux pages d'exercices où votre imagination n'a aucune limite.

La mode est personnelle.
Elle reflète l'identité, la créativité et la confiance en soi.

J'espère que ces pages vous inspireront à expérimenter, à apprécier le processus et à voir la mode comme l'art qu'elle est réellement.

Avec passion et gratitude,
Niky Jadesson

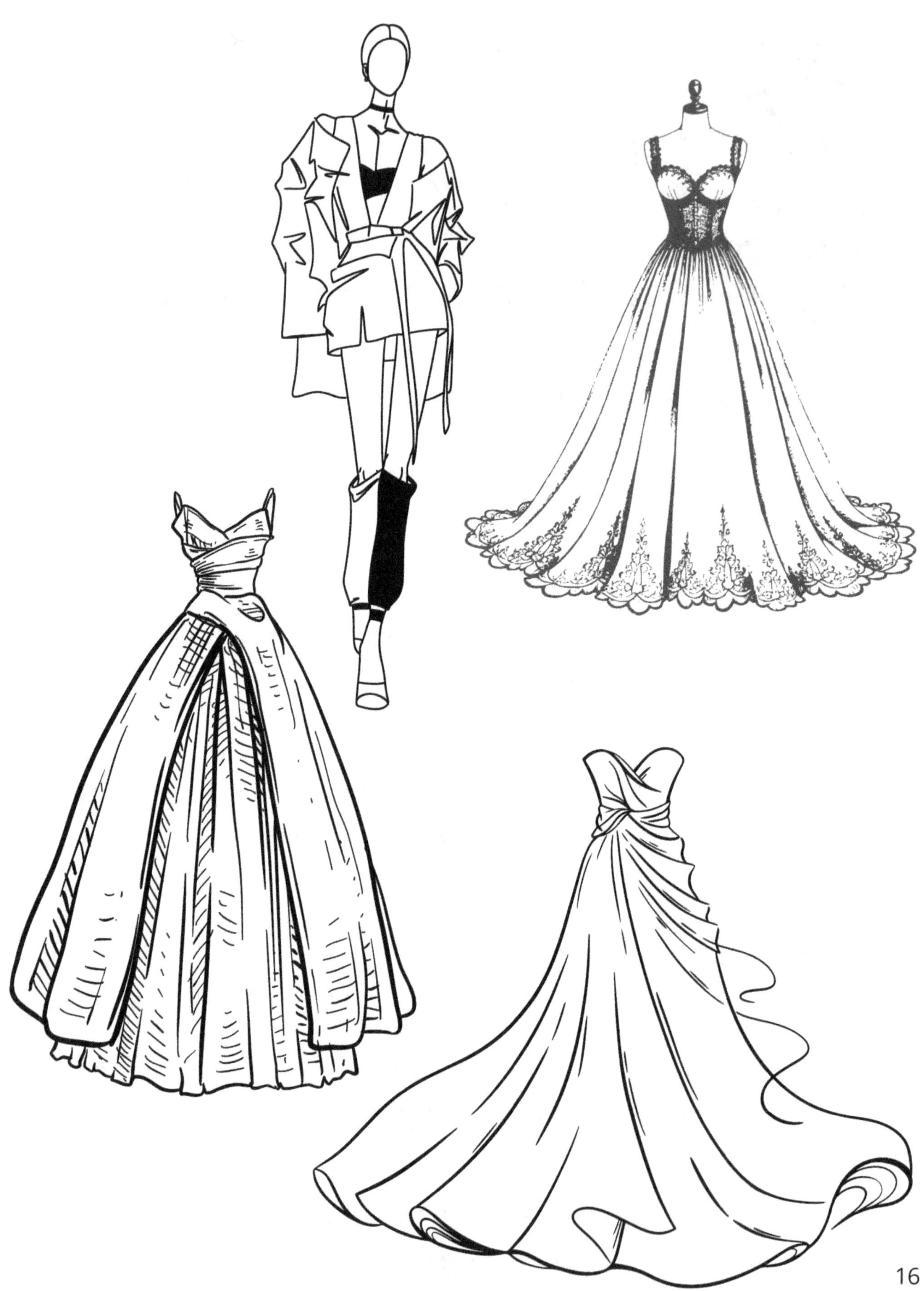

Comment utiliser
ce carnet de croquis

Ce carnet de croquis a été conçu pour être à la fois pratique et créatif.

Il vous offre l'espace nécessaire pour explorer vos idées de tenues, pratiquer vos techniques de dessin et réfléchir à votre style personnel.

Voici quelques conseils pour en tirer le meilleur parti :

- **Expérimentez librement** - Essayez différentes silhouettes, palettes de couleurs et matières.
- **Prenez des notes** - Utilisez les pages de pratique pour noter vos idées, vos sources d'inspiration ou vos choix de tissus.
- **Pratiquez sur les modèles** - Les silhouettes féminines sont là pour vous aider à visualiser vos créations avant de les transformer en vêtements réels.
- **Comparez et améliorez** - Utilisez les pages "inspiration" pour coller des références et observer l'évolution de vos croquis.
- **Répétez et affinez** - N'hésitez pas à redessiner la même idée avec de légères modifications. La progression vient avec la répétition.

Que vous soyez débutant(e) et que vous appreniez pas à pas, ou créateur(trice) cherchant à affiner votre technique, ce carnet est votre atelier créatif personnel.

Mes objectifs et mes inspirations

La création de mode ne se limite pas au dessin de vêtements - c'est une façon d'exprimer une identité, un style de vie et des émotions à travers ce que l'on imagine.

Cette page est faite pour vous permettre de réfléchir à votre parcours de créateur(trice) et de consigner les objectifs qui guident votre pratique.

Questions à se poser :

- Quel type de mode ai-je envie de créer ? (tenues décontractées, haute couture, robes de soirée, style urbain)
- Qui m'inspire le plus ? (créateurs, artistes, icônes ou personnes du quotidien)
- Quelles émotions mes créations doivent-elles transmettre ? (confiance, élégance, liberté, joie)

À noter ici :

- Mes objectifs de création : ....
- Mes sources d'inspiration : ....
- Tissus ou couleurs que je souhaite explorer : ....
- Compétences que je veux améliorer : ....

Astuce : relire vos objectifs tous les quelques mois vous montrera à quel point votre vision évolue.

Outils et matériaux
pour le croquis de mode

Avoir les bons outils ne signifie pas posséder du matériel coûteux - c'est avant tout savoir les utiliser. Voici les essentiels pour le dessin de mode, en particulier pour la mode féminine :

- **Crayons et outils d'ombrage** - HB pour les esquisses légères, 2B à 6B pour les ombres, les plis et les détails.
- **Stylos fins** - Pour des contours nets et des détails précis comme la dentelle ou les broderies.
- **Feutres et crayons de couleur** - Parfaits pour représenter les tissus : tons pastel pour la mousseline, métalliques pour le satin, nuances profondes pour le velours.
- **Règle et gabarits courbes** - Indispensables pour les lignes précises sur les jupes, pantalons ou corsages ajustés.
- **Outils numériques** - Tablettes et logiciels (Procreate, Photoshop, Illustrator) pour des créations propres et professionnelles.
- **Échantillons de tissu**s - Toucher les matières réelles aide à comprendre la texture et la fluidité.

Souvenez-vous :
ce n'est pas le prix de l'outil qui compte,
mais la manière dont vous l'utilisez
pour raconter votre histoire.

Conseils
pour bien débuter

Commencer peut sembler intimidant, mais le secret, c'est la régularité. Voici quelques conseils pratiques :

- **Commencez simplement** - Concentrez-vous d'abord sur les robes, les hauts et les jupes avant de passer aux tenues plus complexes.
- **Observez et analysez** - Étudiez la façon dont les vêtements réels tombent sur le corps féminin : comment une robe épouse la silhouette, comment un chemisier se pose sur les épaules.
- **Pratiquez les silhouettes** - Travaillez différentes formes : sablier, trapèze, empire, moulante.
- **Expérimentez les couleurs** - Testez les contrastes, les tons de saison ou les palettes monochromes.
- **Ne cherchez pas la perfection** - Les premiers croquis sont faits pour la liberté, pas pour la précision absolue.

Chaque grand créateur a commencé avec des esquisses imparfaites. Le progrès vient du fait de créer un peu chaque jour, pas d'attendre "le dessin parfait".

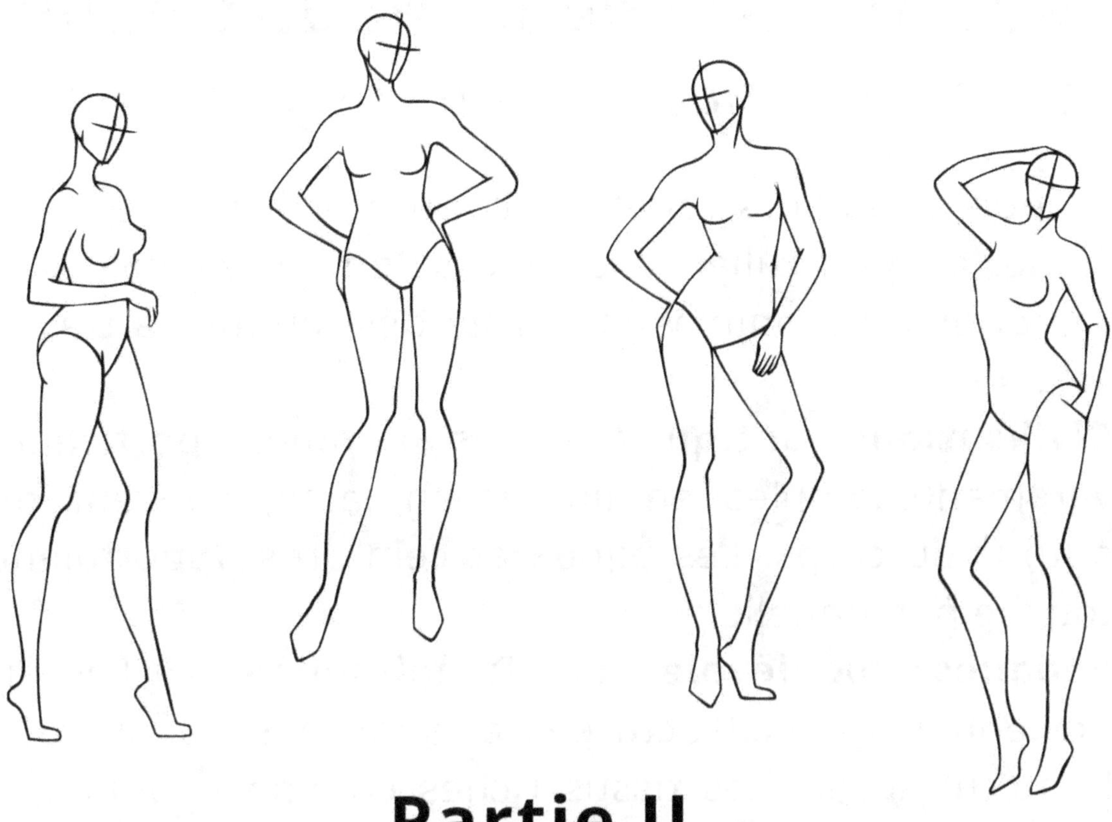

Partie II

- Formation et fondamentaux

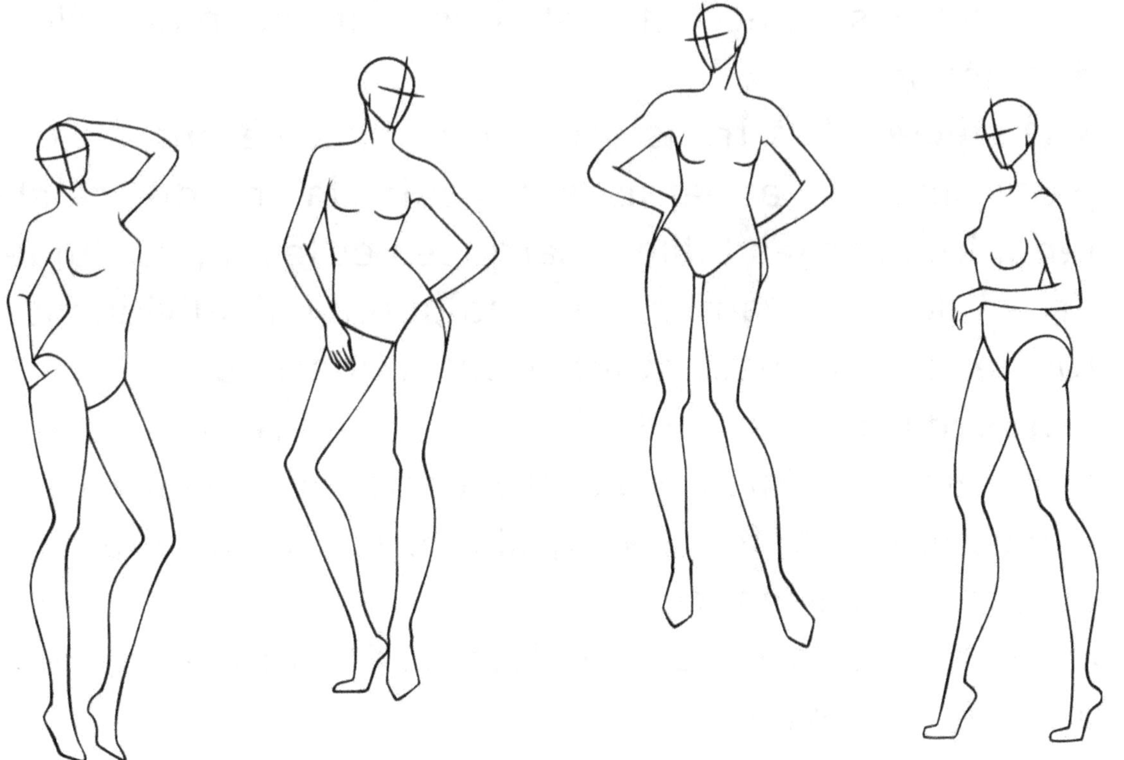

Brève histoire de la mode féminine
- Des époques classiques aux styles modernes

La mode a toujours reflété la culture et l'identité. La mode féminine, en particulier, a évolué selon les valeurs sociales, les matériaux disponibles et le rôle des femmes à travers les siècles.

- **Civilisations antiques** - Les femmes portaient des vêtements amples en lin ou en laine, souvent drapés autour du corps. Les bijoux et ceintures apportaient une touche personnelle.
- **Époques médiévale et Renaissance** - Les robes deviennent plus structurées et superposées, symbolisant le statut social. Les tissus riches comme le velours et le brocart étaient réservés à la noblesse.
- **XVIIIᵉ et XIXᵉ siècles** - Les silhouettes changent : des larges jupes rococo aux tailles cintrées et tournures victoriennes. L'accent est mis sur la modestie et la distinction.
- **XXᵉ siècle** - Les transformations s'accélèrent. Des coupes plus simples apparaissent, puis la mode célèbre la féminité avec les tailles marquées et les jupes fluides. Les décennies suivantes revendiquent l'individualité, les formes audacieuses et les tissus modernes.
- **Aujourd'hui** - La mode féminine célèbre la diversité. Des looks minimalistes aux créations avant-gardistes, tout coexiste. Le confort, la durabilité et l'inclusivité comptent autant que l'élégance.

Chaque époque raconte une histoire. C'est maintenant à vous d'esquisser la suivante.

Silhouettes féminines à travers le temps
- Sablier, Trapèze, Empire, Moulante

La silhouette est la base de tout design - elle définit la forme, les proportions et la première impression.

- **Sablier** - Taille fine, buste et hanches équilibrés. Classique, féminine et polyvalente.
- **Trapèze (A-Line)** - Ajustée en haut, s'évasant progressivement vers le bas. Confortable et flatteuse pour de nombreuses morphologies.
- **Taille Empire** - Taille haute juste sous la poitrine, jupe fluide. Élégante, allonge la silhouette.
- **Moulante (Bodycon)** - Coupe près du corps qui met en valeur les courbes naturelles, souvent réalisée dans des tissus extensibles.

Les silhouettes transmettent des émotions :
Le sablier évoque la romance, le trapèze la légèreté, l'empire la grâce, la moulante l'assurance.

Quand vous dessinez, demandez-vous toujours : *quelle émotion je veux faire ressentir avec cette tenue ?*

Théorie des couleurs en mode féminine
- Harmonies, contrastes et palettes saisonnières

La couleur transforme un vêtement en véritable langage visuel.

- **Tons chauds et froids** - Les couleurs chaudes (rouges, orangés, jaunes) évoquent l'énergie et la passion. Les tons froids (bleus, verts, violets) expriment le calme et la sophistication.
- **Contraste et harmonie** - Les couleurs opposées créent du dynamisme et de l'impact. Les teintes voisines sur le cercle chromatique produisent douceur et équilibre.
- **Palettes saisonnières**
  - *Printemps* : pastels clairs, légers et frais.
  - *Été* : tons froids, éclatants et lumineux.
  - *Automne* : nuances terreuses, riches et chaleureuses.
  - *Hiver* : contrastes profonds, élégants et puissants.
- **Psychologie des couleurs** - Les teintes claires donnent de la légèreté et de la fraîcheur. Les teintes foncées ajoutent du mystère et de la prestance. Les couleurs vives attirent le regard, tandis que les tons sourds créent de la subtilité.

Essayez de colorer le même croquis avec trois palettes différentes : vous verrez à quel point l'atmosphère change.

Tissus et textures pour vêtements féminins
- Dentelle, Satin, Denim, Tweed

Le tissu peut sublimer ou transformer complètement un design.

- **Dentelle** - Légère, délicate, idéale pour les superpositions ou les looks romantiques.
- **Satin** - Lisse et brillant, parfait pour les robes de soirée et les tenues élégantes.
- **Denim** - Solide, décontracté, polyvalent ; du streetwear à la haute couture.
- **Tweed** - Texturé, structuré, excellent pour les manteaux et les looks sophistiqués.

Quand vous imaginez une création, pensez à son **mouvement** : le tissu tombe-t-il souplement ? garde-t-il sa forme ? brille-t-il à la lumière ?
La texture est aussi importante que la coupe.

Astuce : dessinez la même tenue dans deux tissus différents - un tailleur en tweed semblera chic, le même en denim paraîtra détendu.

Outils pour le croquis de mode

- Crayons, marqueurs, outils numériques

Les outils sont vos partenaires de créativité.

- **Crayons** - Parfaits pour les contours, les ombrages et les détails.
- **Marqueurs** - Idéaux pour ajouter de la couleur vive et tester rapidement des palettes.
- **Crayons de couleur** - Pour créer des dégradés doux et superposer les tons.
- **Aquarelles** - Apportent fluidité et texture pour des rendus artistiques.
- **Outils numériques** - Tablettes et logiciels offrent une infinité de couleurs, de textures et la liberté d'expérimenter sans limite.

N'attendez pas d'avoir du matériel coûteux pour commencer. Un simple crayon et du papier peuvent donner vie à vos plus belles idées.

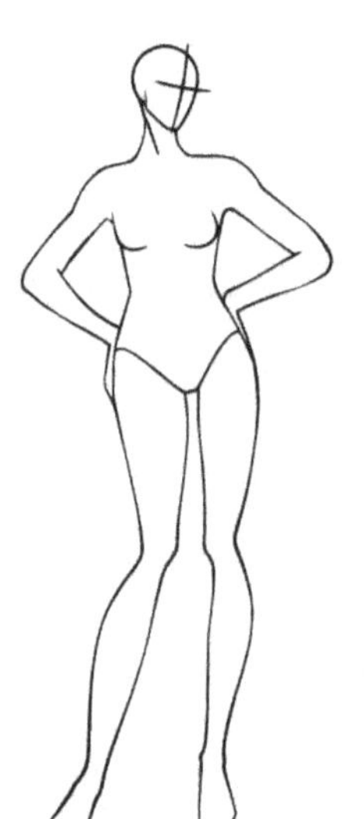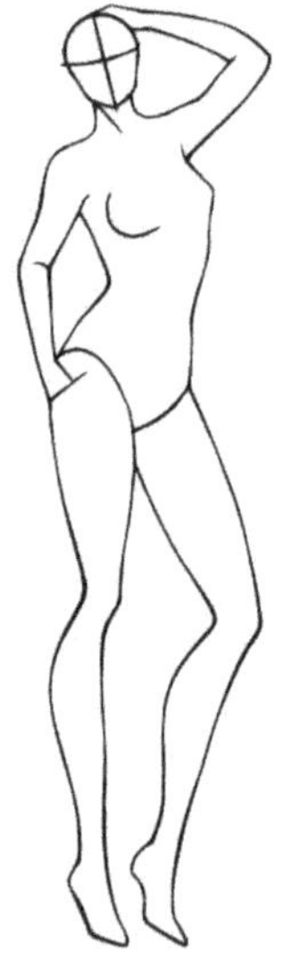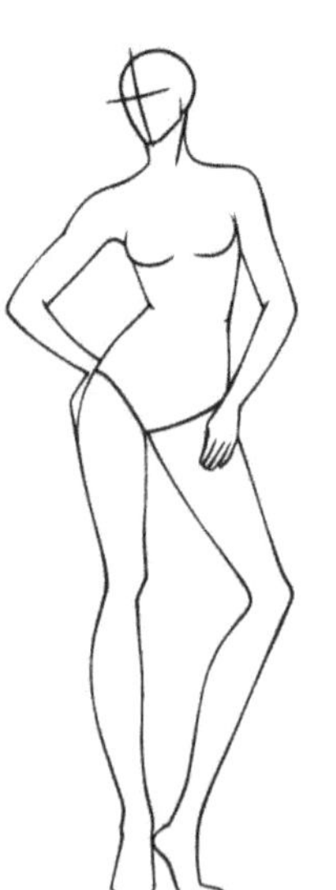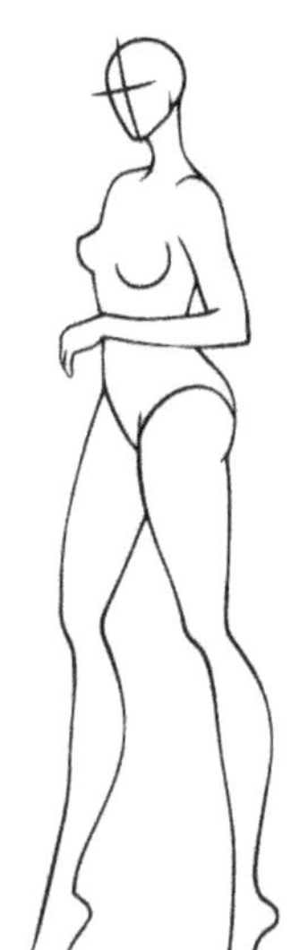

Étape par étape :

Tenue décontractée de jour (Robe, jupe, chemisier)

La mode du quotidien équilibre confort et style. Voici un petit guide :

- **Esquisse de base** - Commencez par une silhouette féminine simple.
- **Dessinez le vêtement principal** - Pensez à des tissus légers comme le coton ou le lin.
- **Ajoutez les détails** - Boutons, col, manches ou accessoires discrets.
- **Choisissez la palette** - Les tons neutres avec une touche de couleur fonctionnent très bien.
- **Affinez la texture** - Ajoutez des ombrages pour suggérer douceur ou structure.

Le secret ? **La portabilité.**

Une tenue de jour doit sembler naturelle et sans effort, tout en restant élégante.

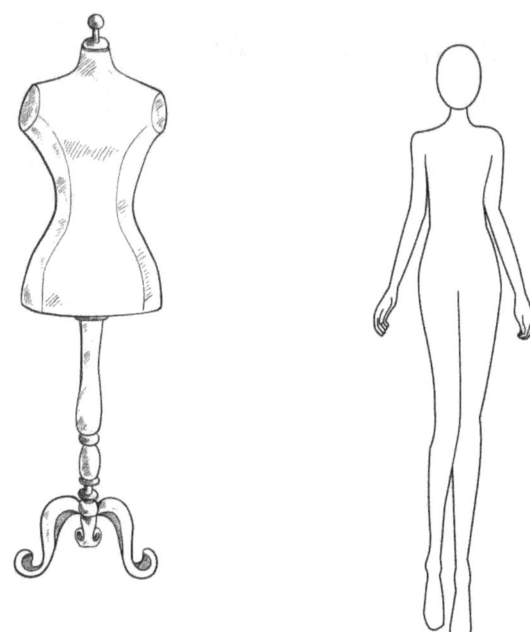

Étape par étape :

Tenue de soirée glamour (Robe cocktail ou de gala)

Les tenues du soir incarnent l'élégance et le charisme.

- **Choisissez la silhouette** - Ligne trapèze, sirène ou coupe ajustée.
- **Sélectionnez les tissus** - Satin, velours, mousseline ou soie fluide.
- **Ajoutez des éléments de design** - Épaules dénudées, dos ouvert, fente haute, perles ou paillettes.
- **Choisissez les couleurs** - Tons profonds, métallisés ou contrastes audacieux.
- **Complétez par les accessoires** - Talons, bijoux, pochette.

*Une tenue de soirée doit faire se sentir la personne **confiante, rayonnante et inoubliable**.*

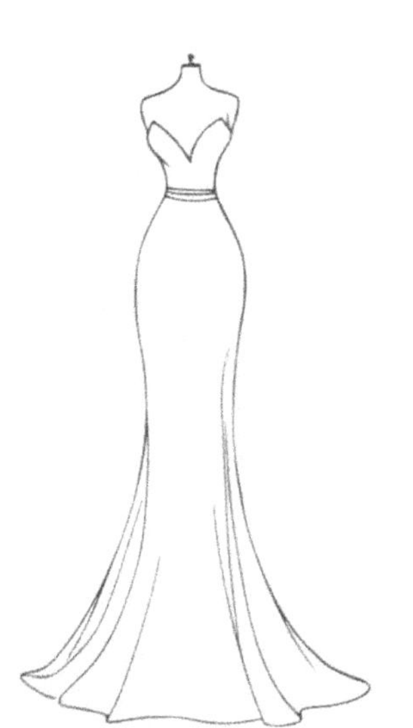

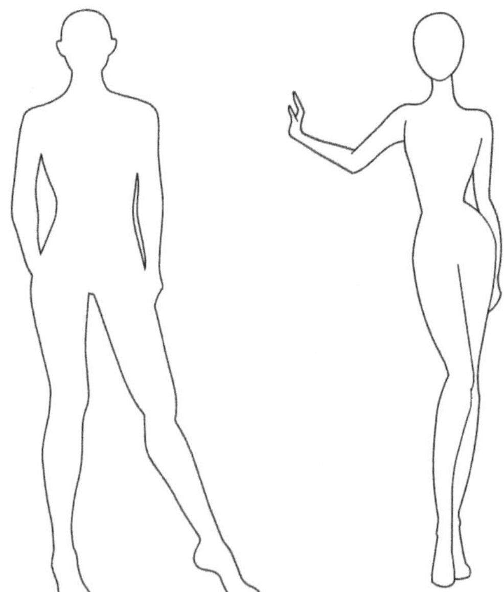

Erreurs courantes en design de mode féminine

(et comment les éviter)

Même les créateurs expérimentés font des erreurs. Voici quelques pièges fréquents :

- **Surcharge du design** - Trop de détails étouffent la lisibilité. Simplifiez.
- **Ignorer le comportement du tissu** - Un croquis peut être beau, mais si le tissu ne suit pas, la tenue échoue.
- **Excès de couleurs** - Trop de tons vifs détournent l'attention. Optez pour l'équilibre.
- **Problèmes de proportions** - Une jupe trop longue ou des manches trop courtes brisent l'harmonie.
- **Copier les tendances** - S'inspirer est normal, mais l'originalité vous distingue.

*Chaque erreur est une **occasion d'apprentissage**. L'essentiel est d'ajuster, corriger et évoluer.*

Conseils et astuces
pour les créatrices de mode

- Réalisez plusieurs variantes avant de retenir un design.

- Pensez aux **superpositions** - une tenue est plus intéressante quand les pièces se combinent.

- Les **palettes neutres** peuvent être puissantes - la simplicité attire l'œil.

- Dessinez le **mouvement** - imaginez le tissu qui flotte ou s'enroule autour du corps.

- Notez vos inspirations - les idées s'effacent vite, les notes les préservent.

Créer, ce n'est pas seulement dessiner des vêtements, c'est ***raconter une histoire.***

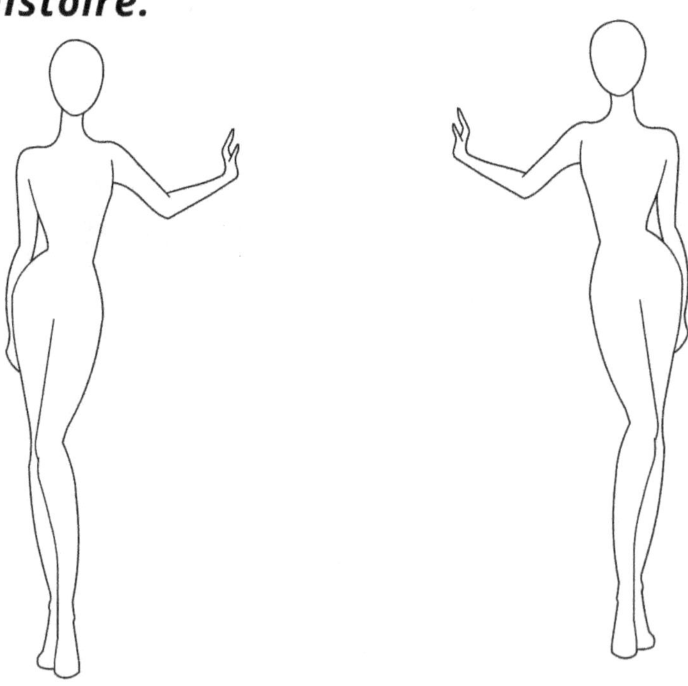

Guide étape par étape

pour utiliser ce carnet

Ce carnet de croquis est votre studio de design sur papier.

- **Pratiquez** - Commencez par les silhouettes fournies. Prenez confiance avant d'aller plus loin.
- **Expérimentez** - Testez tissus, palettes et formes. Utilisez crayons, feutres ou échantillons.
- **Documentez** - Notez vos progrès et collez vos inspirations.
- **Créez des collections** - Imaginez des ensembles de tenues autour d'un même thème.
- **Révisez** - Revenez à vos anciens croquis pour voir votre évolution.

À la fin de ce carnet, vous aurez non seulement des dizaines d'esquisses, mais aussi une **vision claire de votre identité créative.**

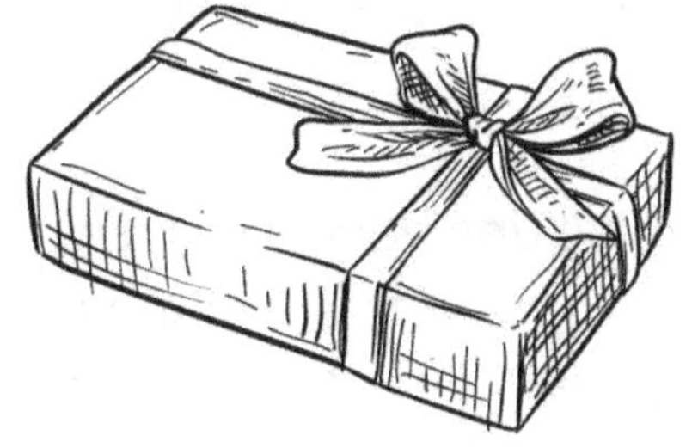

Les bases du croquis de mode :
étape par étape

Le croquis de mode est le fondement de tout parcours de création. Même si les techniques évoluent avec le temps, suivre un processus structuré permet de créer des dessins équilibrés et expressifs. Voici une méthode simple, étape par étape, adaptée à la mode féminine :

Étape 1 : Construire la silhouette de base

- Commencez par les proportions du corps féminin.
- Esquissez des repères pour les épaules, la taille, les hanches et les jambes.
- N'oubliez pas que la silhouette féminine met souvent l'accent sur les courbes - gardez donc vos lignes fluides et naturelles.

Étape 2 : Définir les formes principales du vêtement

- Ajoutez des formes géométriques simples pour représenter les pièces principales : robes, jupes, chemisiers ou pantalons.
- Pensez à des cercles pour les jupes fluides, des rectangles pour les vestes structurées, et des ovales pour les hauts souples.

Étape 3 : Ajouter les détails vestimentaires

- Dessinez les cols, manches, poignets, boutons, ceintures ou ourlets.
- Utilisez des lignes claires et précises pour maintenir des proportions justes.

Étape 4 : Représenter les tissus et les textures

- Indiquez le type de tissu à travers votre tracé :
  o Tissus légers et fluides (soie, mousseline) → lignes longues et courbes.
  o Tissus lourds (denim, laine) → lignes courtes et fermes.
  o Dentelle ou textures délicates → petits détails fins et précis.

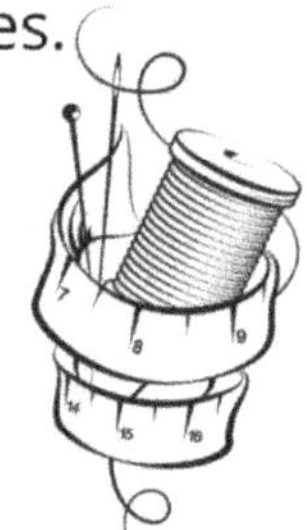

Étape 5 : Ajouter couleur et ombrage

- Introduisez une palette de couleurs : neutres, pastels ou contrastes audacieux.
- Utilisez l'ombrage pour suggérer le volume, les plis et la profondeur du tissu.

Étape 6 : Affiner et finaliser

- Repassez les lignes clés pour mettre en valeur la silhouette.
- Laissez un espace pour vos notes personnelles : idées de tissus, inspirations de couleurs ou occasions prévues.

Le croquis de mode n'est pas une recherche de perfection, mais une forme d'expression. Ces étapes vous offrent une structure, mais c'est votre créativité qui donne vie à vos créations.

Mini-exercice :

Dessinez la même tenue deux fois : une version décontractée (blouse en coton et jupe en denim), une version habillée (blouse en soie et jupe crayon). Observez comment les tissus et les petits détails transforment l'allure générale.

LOOK DU JOUR SIMPLE ET RAPIDE

Mettons la théorie en pratique avec une tenue de jour simple, décontractée et pleine de style.

La mode du quotidien allie confort et élégance naturelle, tout en laissant s'exprimer la personnalité.

5 étapes pour créer un look de jour décontracté :

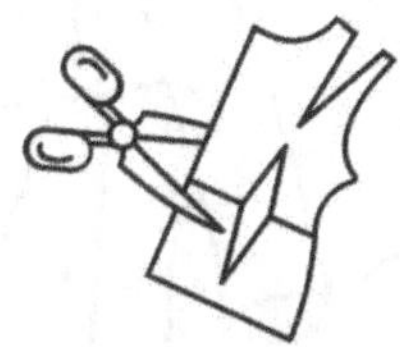

- Dessinez une silhouette féminine détendue.
- Ajoutez un haut léger - blouse fluide ou t-shirt ajusté.
- Complétez avec un jean, une jupe ou un legging.
- Choisissez des chaussures pratiques - baskets, ballerines ou sandales.
- Suggérez de petits accessoires : sac cabas, bracelet ou foulard.

Notes de style :

- Les tenues quotidiennes reposent souvent sur des tons neutres agrémentés d'une ou deux couleurs d'accent.
- Le confort est essentiel - privilégiez des tissus comme le coton ou le jersey.
- Les superpositions (veste légère, écharpe, cardigan) peuvent immédiatement rehausser un look simple.

Pourquoi pratiquer ce look ?

Les tenues décontractées paraissent simples, mais elles apprennent l'équilibre et les proportions.

Elles sont aussi un excellent moyen de s'exercer à dessiner le mouvement et la fluidité, car les vêtements du quotidien ne sont jamais rigides.

Réflexion :

- Quelles couleurs représentent le mieux votre style "de tous les jours" ?
- Comment ce look changerait-il si vous remplaciez les baskets par des talons ou des bottes ?

Utilisez cette page pour esquisser votre propre idée de tenue rapide.

Ne vous attardez pas sur les détails - laissez simplement votre main se déplacer librement et profitez du processus créatif.

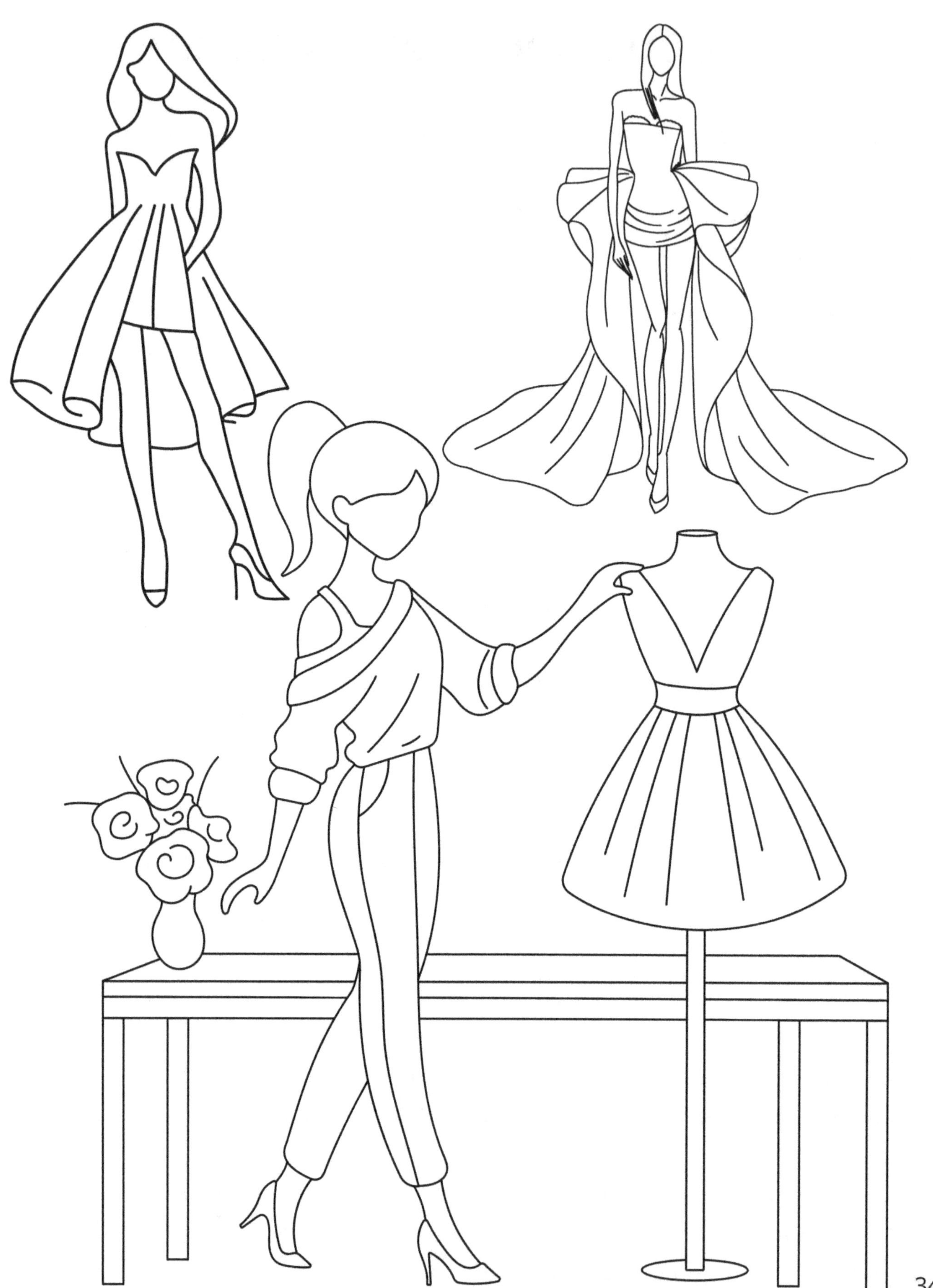

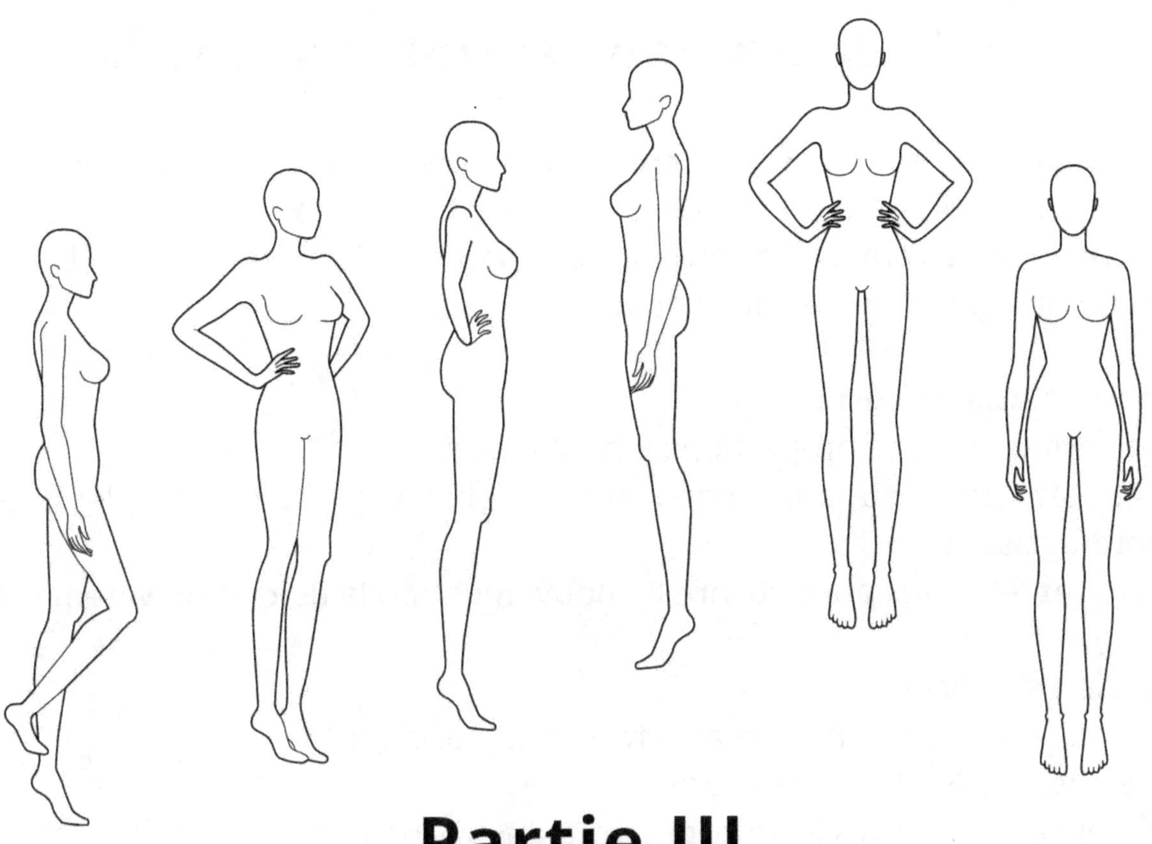

Partie III
- *Carnet de croquis et pratique*

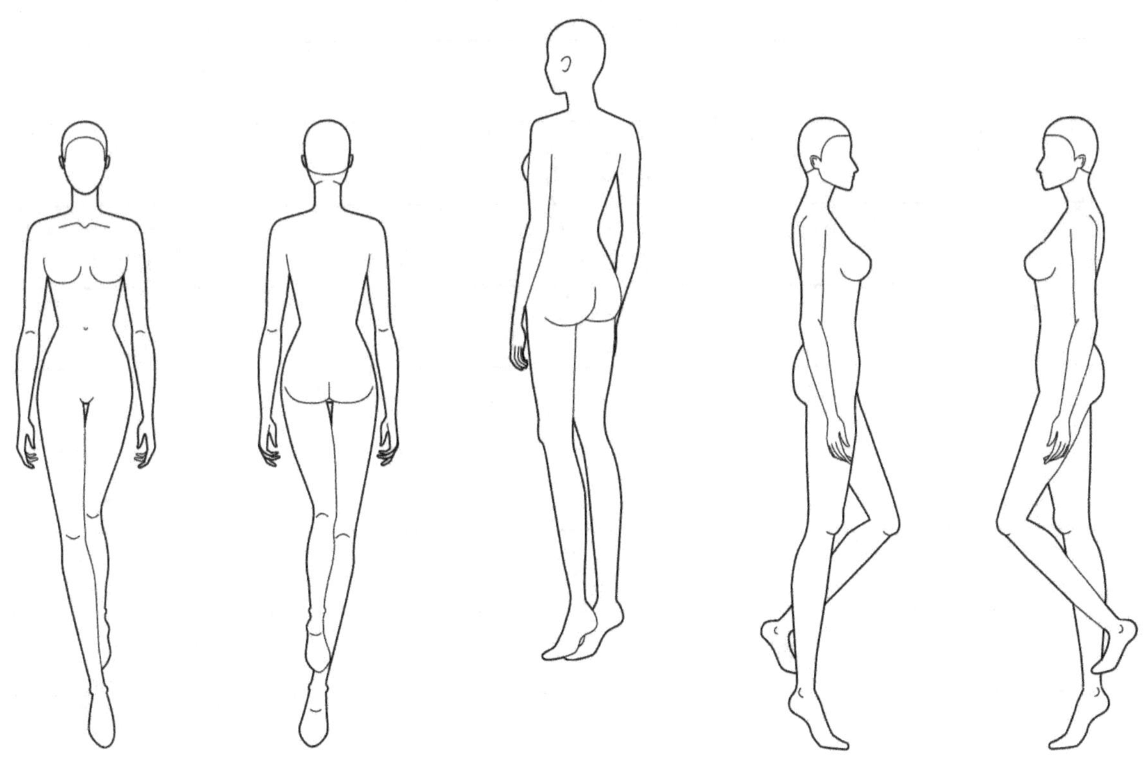

Guide de pratique et notes de mode

Le design de mode, c'est l'exploration avant tout, pas la perfection. Utilisez cette page pour oser quelque chose de nouveau - même si cela sort de votre zone de confort. Les erreurs font partie de l'apprentissage, et chaque croquis vous enseigne quelque chose.

Comment utiliser cette page :
- Expérimentez des proportions inhabituelles.
- Ajoutez des superpositions pour observer comment les tissus interagissent.
- Utilisez les notes pour décrire le mouvement ou la fluidité du vêtement.

Réflexion et notes :
- Quelle nouvelle technique ai-je testée aujourd'hui ?
- Le design semble-t-il équilibré ?
- Quel détail pourrais-je améliorer lors du prochain croquis ?

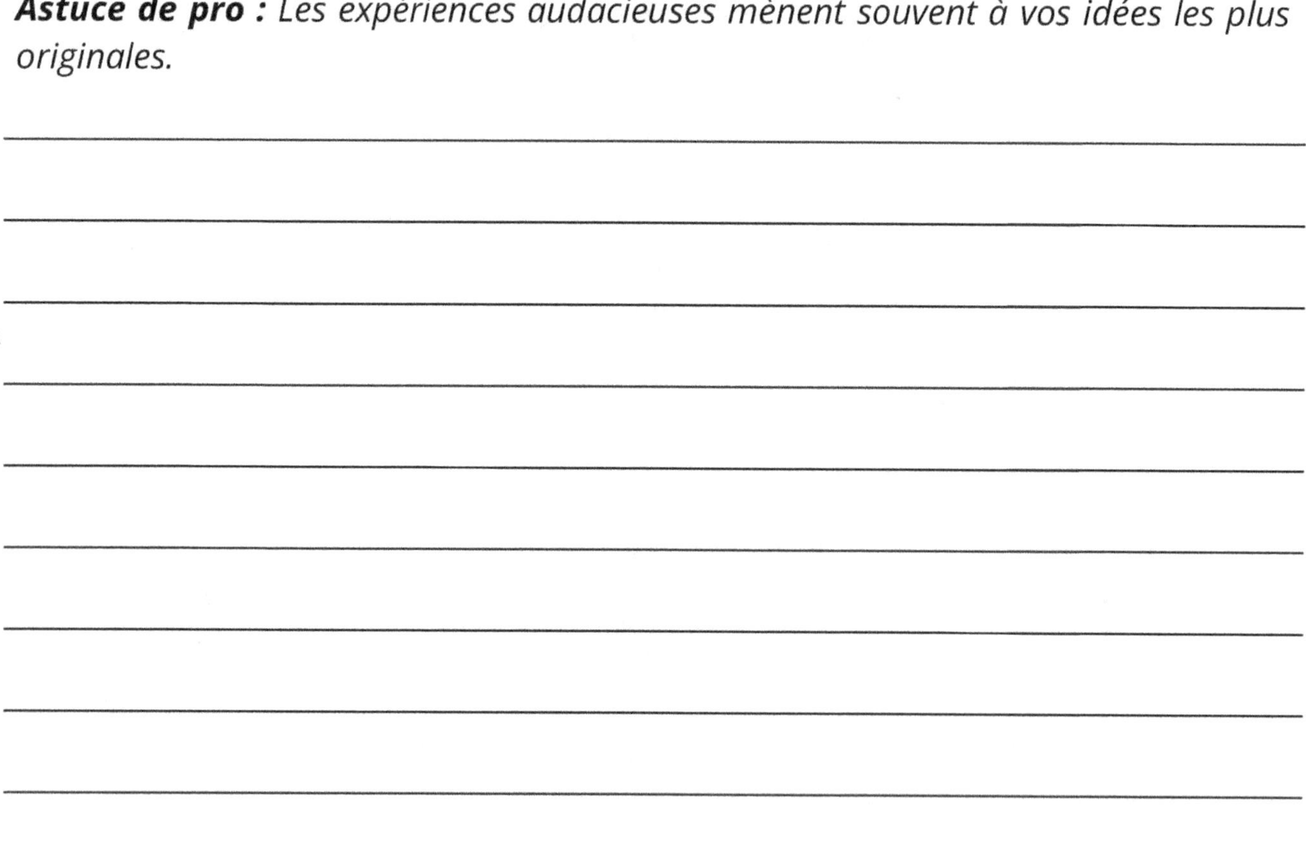

Astuce de pro : Les expériences audacieuses mènent souvent à vos idées les plus originales.

Inspiration tenue : Streetwear

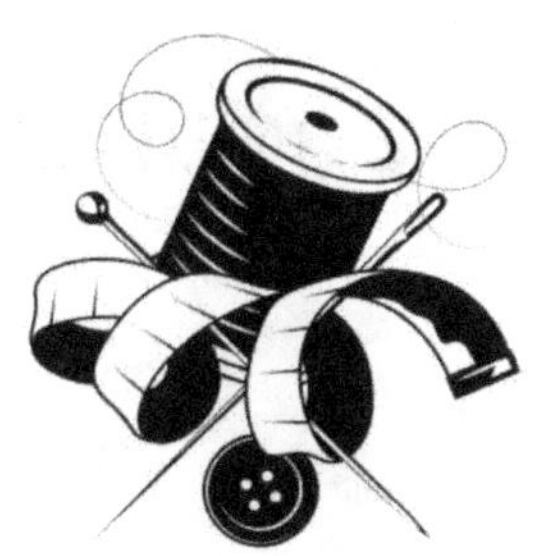

La puissance des superpositions

Le streetwear se nourrit de superpositions - elles permettent la créativité, la polyvalence et des combinaisons infinies. Commencez par une base simple comme un débardeur ajusté et un legging, puis ajoutez des chemises oversize, blousons bombers ou vestes en denim.

Glissez un hoodie sous un trench, ou nouez une chemise à carreaux autour de la taille.

Chaque nouvelle couche transforme la silhouette et ajoute de la profondeur.

Expérimentez les contrastes : tissus doux sous vestes structurées, imprimés audacieux sur des basiques neutres. Les superpositions sont aussi pratiques - elles rendent une tenue adaptable aux différentes saisons et humeurs.

Exercice :

Croquez un look en partant d'un crop top et d'un pantalon cargo, puis ajoutez un hoodie zippé, une veste oversize et des baskets.

38

Tendances

Inspiration

Tissus

Notes

Détails

Échantillons

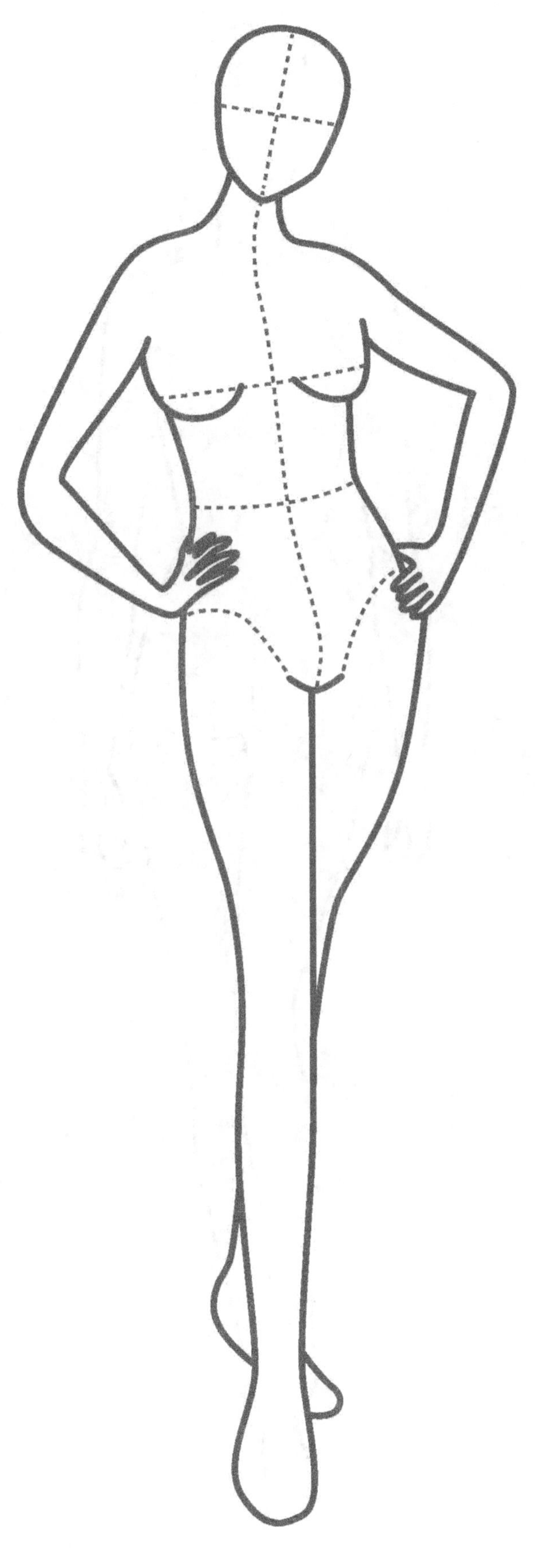

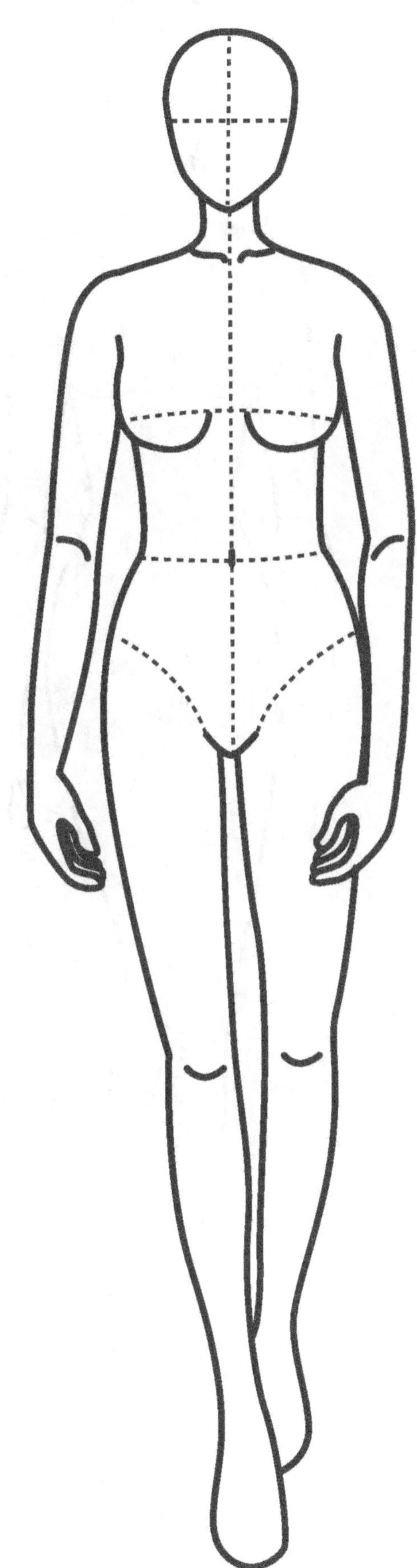

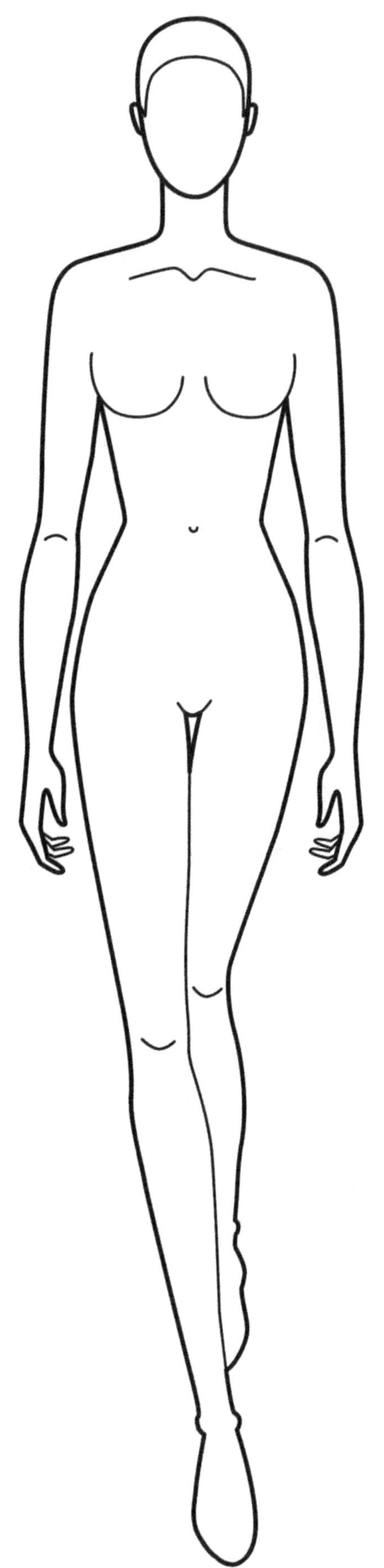
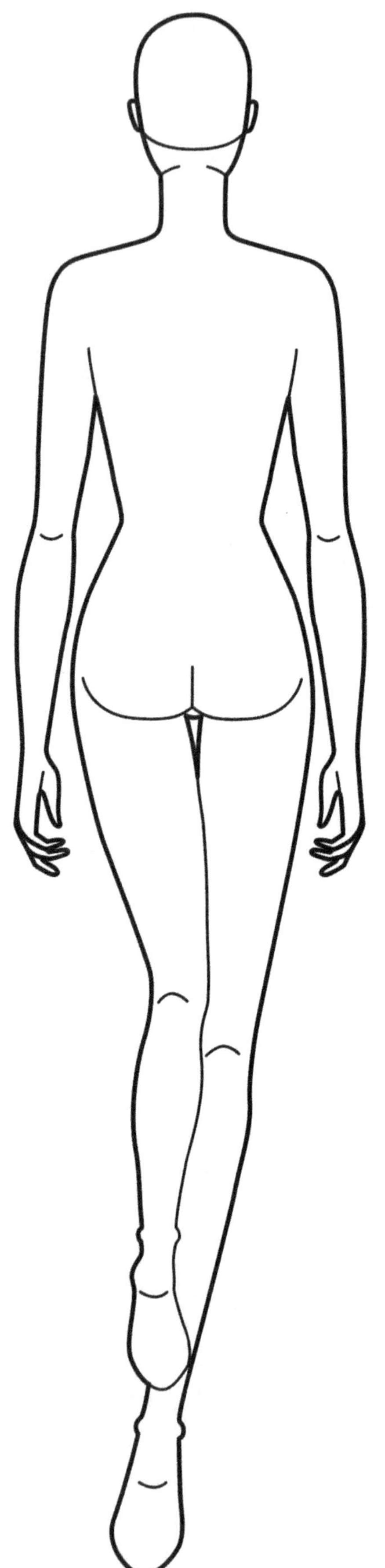

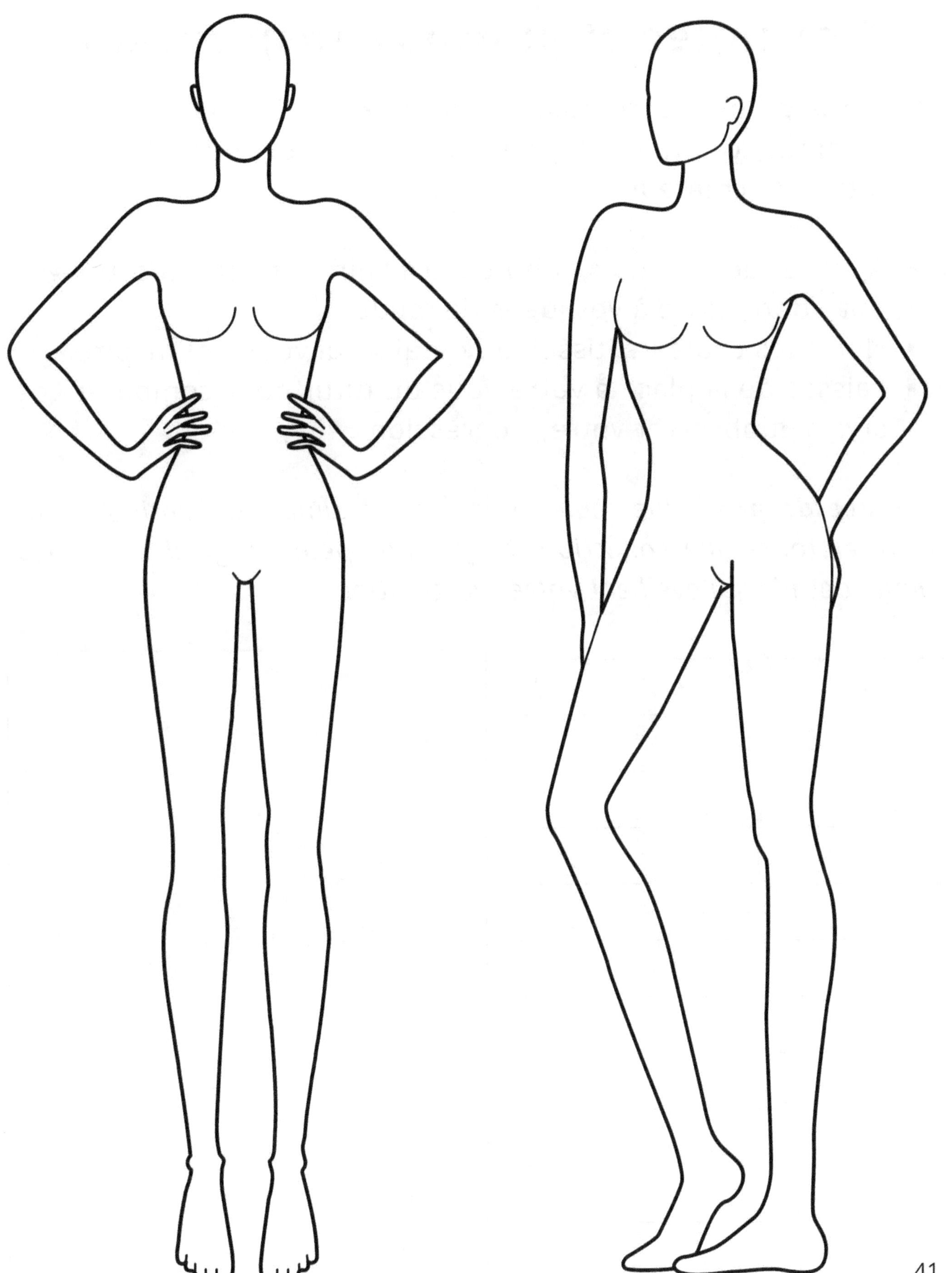

Vos notes et photos d'inspiration

Cette page est votre galerie créative. Utilisez-la pour suivre vos progrès, capturer vos idées préférées, et réfléchir à votre évolution de créateur.

- Ajoutez des croquis, photos d'inspiration ou découpages pour donner vie à vos idées de mode.
- Notez les couleurs, tissus ou détails qui vous ont inspiré.
- Laissez de la place à votre vous du futur pour comparer vos styles et observer votre progression.

Astuce de pro : *Une seule image ou un simple échantillon peut inspirer toute une collection. N'ayez pas peur de garder les plus petits détails qui éveillent votre imagination.*

Inspiration tenue :
Office Chic et Glamour de défilé

Élégance de bureau classique & glamour de tapis rouge

Inspiration Office Chic

Une jupe crayon associée à une blouse impeccable reste un intemporel.

Ajoutez un blazer ajusté et des escarpins à talons moyens pour une silhouette raffinée et confiante.

Gardez les accessoires minimalistes - un sac en cuir fin et une montre délicate suffisent pour un équilibre élégant.

Les tons neutres (marine, noir, crème) assurent la polyvalence, tandis qu'un rouge à lèvres éclatant apporte une touche de caractère instantanée.

Inspiration Runway Glam

Pour un moment tapis rouge, imaginez des robes longues et fluides. Les satins soyeux et paillettes scintillantes captent la lumière et créent un effet spectaculaire. Osez les décolletés audacieux ou les dos nus, et ajoutez une fente haute pour le mouvement. Des boucles d'oreilles imposantes ou une pochette brillante complètent cette allure glamour et équilibrée.

Guide de pratique et notes de mode

Les grandes idées naissent souvent de petits essais rapides. Ne réfléchissez pas trop - laissez votre main bouger librement et capturez la première idée qui vous vient. La spontanéité révèle souvent une créativité cachée.

Comment utiliser cette page :

- Réalisez un croquis de 5 minutes pour vous échauffer.
- Concentrez-vous sur un seul élément : manches, pantalon ou encolure.
- Notez les tissus, textures ou choix de couleurs.

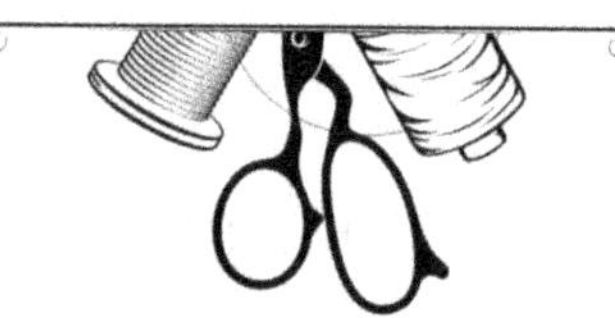

Réflexion et notes :

- Ai-je dessiné plus vite que d'habitude ?
- Quel détail semble le plus réussi dans ce design ?
- Que pourrais-je simplifier la prochaine fois ?

Astuce de pro : *Le croquis rapide renforce la confiance et aiguise votre instinct créatif.*

Inspiration tenue : Streetwear

Vibes athleisure - du sport à la rue

L'athleisure combine confort et attitude. Pensez à des leggings de yoga avec des sweats oversize, crop tops ou blousons bombers.

La clé, c'est l'équilibre : ajusté en bas, ample en haut - ou inversement. Les accessoires font toute la différence : casquettes, baskets massives, bananes croisées.
Les bijoux restent discrets pour préserver le côté sportif.

Focus tissus : coton respirant, spandex, néoprène.
Ajoutez une pièce brillante ou métallique pour moderniser la tenue.

Astuce de pro : *L'athleisure, c'est avant tout la confiance. Dessinez une tenue prête à passer du studio de sport à un café branché sans effort.*

Tendances

Inspiration

Tissus

Notes

Détails

Échantillons

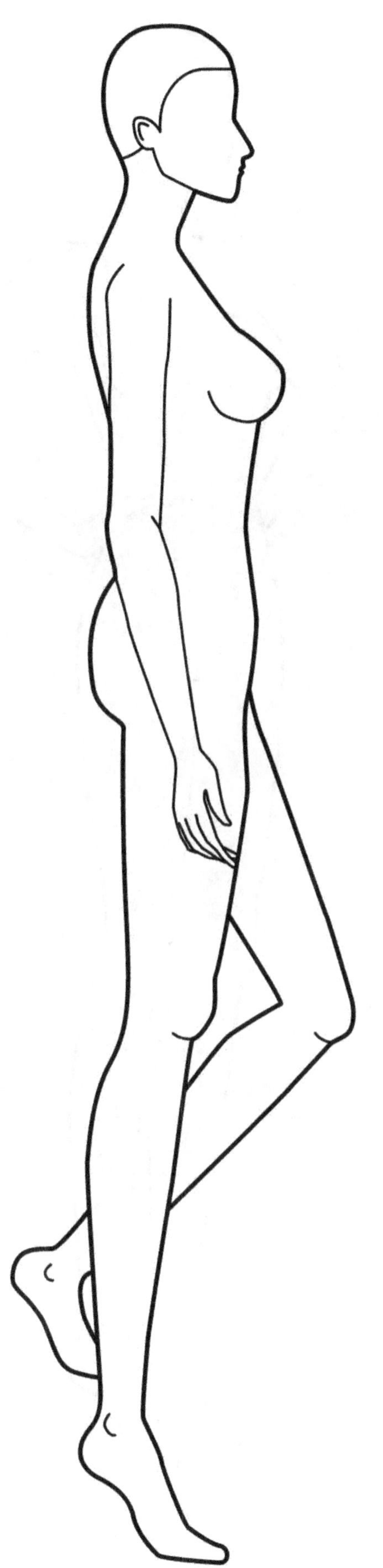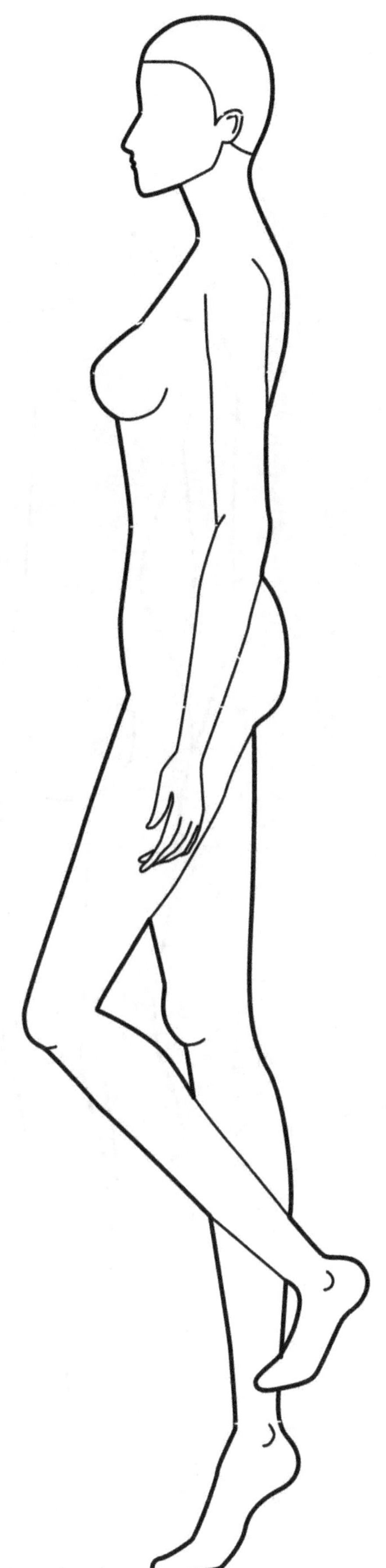

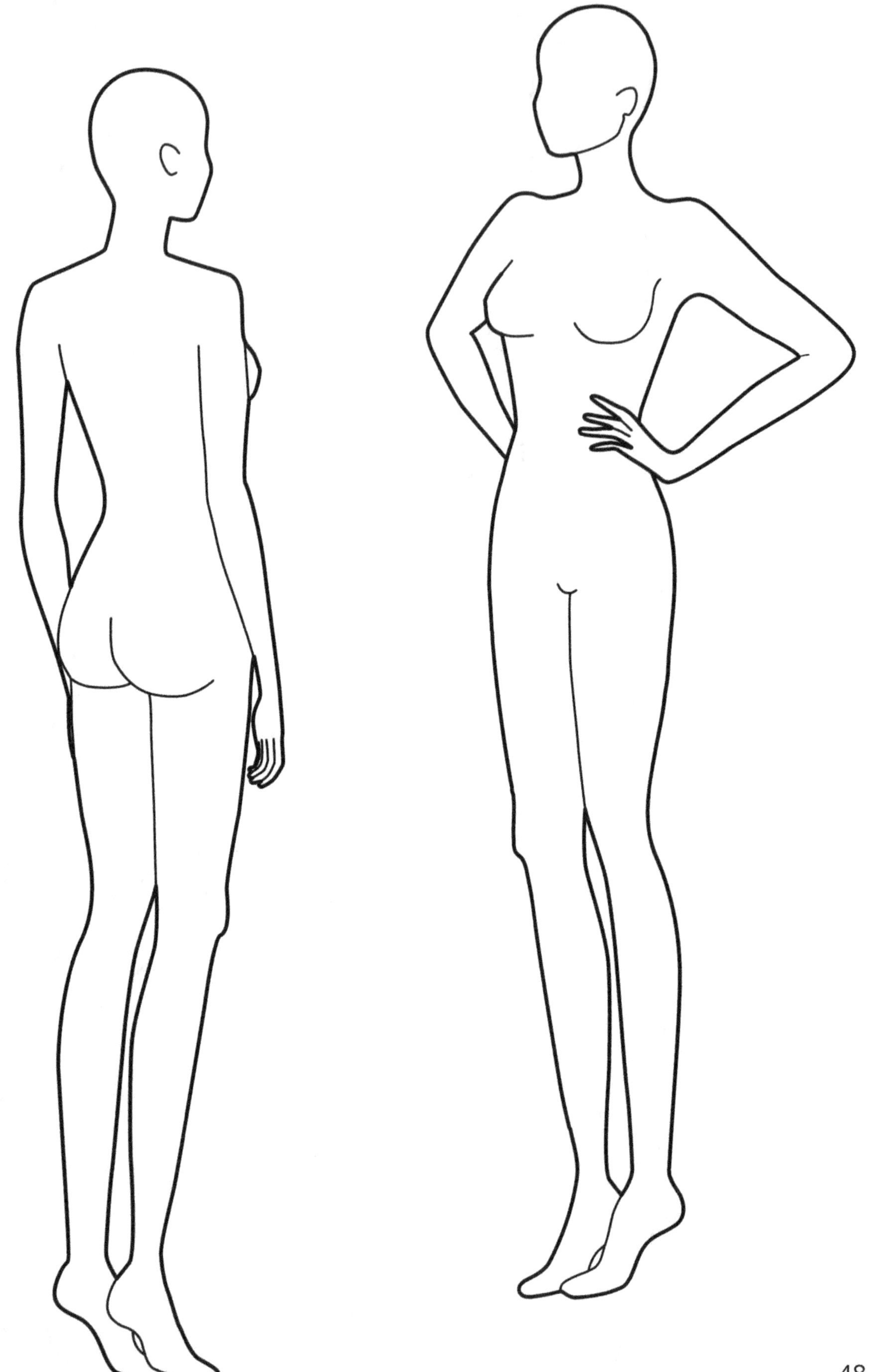

Vos notes et photos d'inspiration

Cette page est votre galerie créative. Utilisez-la pour suivre vos progrès, capturer vos idées préférées, et réfléchir à votre évolution de créateur.

- Ajoutez des croquis, photos d'inspiration ou découpages pour donner vie à vos idées de mode.
- Notez les couleurs, tissus ou détails qui vous ont inspiré.
- Laissez de la place à votre vous du futur pour comparer vos styles et observer votre progression.

Astuce de pro : *Une seule image ou un simple échantillon peut inspirer toute une collection. N'ayez pas peur de garder les plus petits détails qui éveillent votre imagination.*

Inspiration tenue :
Office Chic et Glamour de défilé

Professionnalisme minimaliste & défilé futuriste

Inspiration Office Chic

Le minimalisme s'épanouit dans l'environnement professionnel. Associez un pantalon droit à un haut monochrome et un blazer long. Privilégiez des tissus fluides et une palette neutre (noir, blanc, beige) pour une allure contemporaine.

Les chaussures doivent être tout aussi sobres - mocassins ou ballerines pointues sont à la fois élégants et confortables.

Le pouvoir de ce style réside dans les lignes pures et la confiance tranquille qu'il dégage.

Inspiration Runway Glam

La mode futuriste célèbre l'audace et l'expérimentation. Imaginez des tissus métallisés, des coupes asymétriques, des épaules exagérées. Des formes géométriques argentées ou irisées repoussent les limites tout en restant portables. Associez ces silhouettes audacieuses à des accessoires minimalistes pour laisser la structure parler d'elle-même. Le glamour futuriste, c'est avant tout l'assurance et la vision - parfait pour briller sous les projecteurs.

Guide de pratique et notes de mode

Les vêtements racontent une histoire. Faites de cette page votre scène pour concevoir une tenue inspirée par un thème, une émotion ou même un lieu. Plus l'inspiration est personnelle, plus le design est fort.

Comment utiliser cette page :

- Choisissez un concept (voyage, vie nocturne, minimalisme).
- Traduisez-le en formes, lignes et accessoires.
- Ajoutez des détails qui relient la tenue à l'histoire.

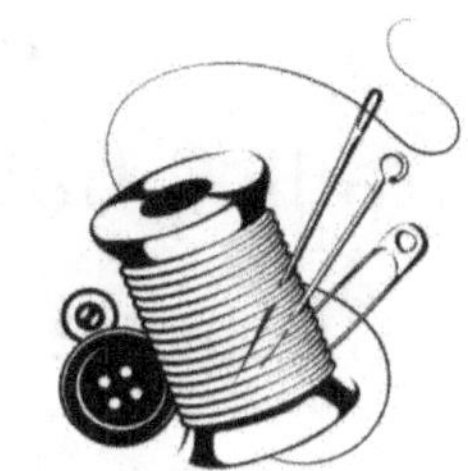

Réflexion et notes :

- Mon croquis reflète-t-il bien le thème choisi ?
- Quel élément communique le mieux l'histoire ?
- Comment pourrais-je approfondir ce concept ?

Astuce de pro : *Un bon design porte toujours un sens au-delà du tissu.*

Inspiration tenue : Streetwear

La culture du denim : l'essence du style urbain

Le denim est la colonne vertébrale du streetwear. Jean taille haute, veste courte, jupe patchwork ou short effiloché - chacun incarne cette attitude urbaine. Les coupes larges évoquent le rétro, tandis que les jeans déchirés ajoutent une touche rebelle. Le double denim revient à la mode. Croquez un bas en denim foncé avec une veste oversize plus claire pour créer du contraste.

Complétez avec des baskets ou des bottines pour un look street complet. La personnalisation fait la différence : broderies, imprimés graffiti ou effilochages volontaires rendent chaque pièce unique.

Essayez ceci : imaginez une combinaison en denim avec des baskets et des lunettes de soleil audacieuses - fonctionnelle, stylée et prête pour la rue.

Tendances

Inspiration

Tissus

Notes

Détails

Échantillons

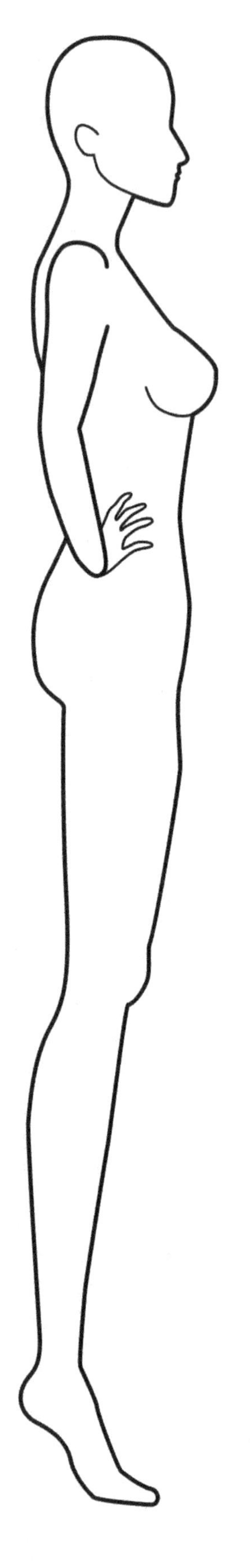
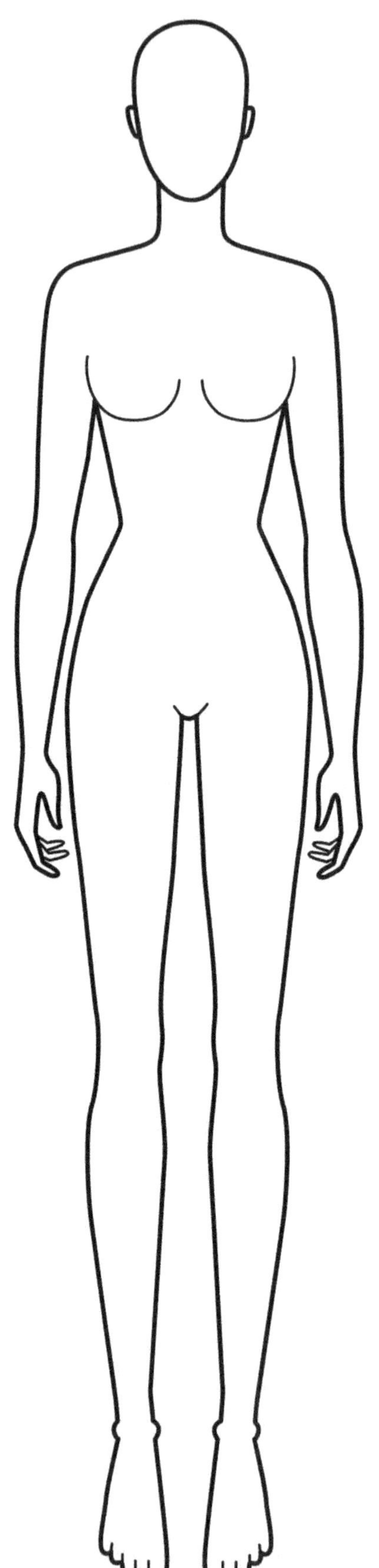

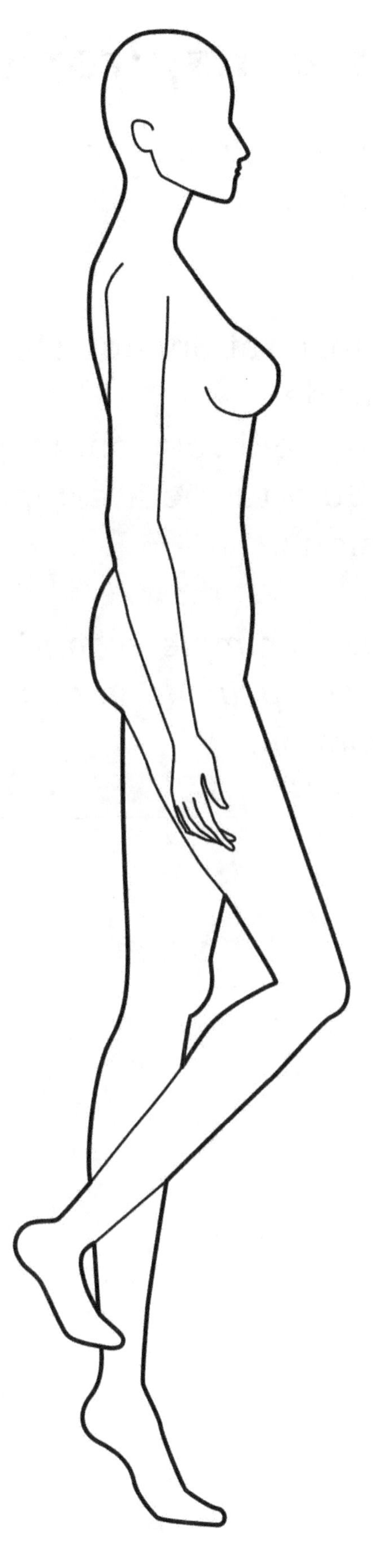
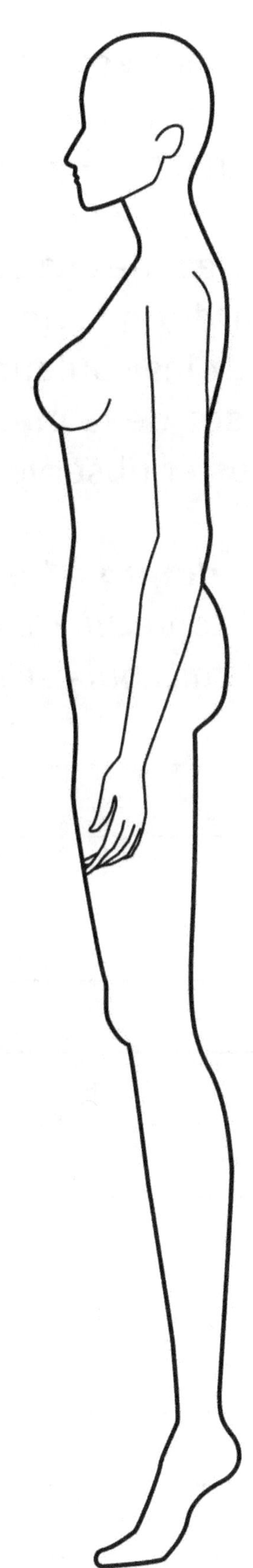

Vos notes et photos d'inspiration

Cette page est votre galerie créative. Utilisez-la pour suivre vos progrès, capturer vos idées préférées, et réfléchir à votre évolution de créateur.

- Ajoutez des croquis, photos d'inspiration ou découpages pour donner vie à vos idées de mode.
- Notez les couleurs, tissus ou détails qui vous ont inspiré.
- Laissez de la place à votre vous du futur pour comparer vos styles et observer votre progression.

Astuce de pro : *Une seule image ou un simple échantillon peut inspirer toute une collection. N'ayez pas peur de garder les plus petits détails qui éveillent votre imagination.*

Inspiration tenue :
Office Chic et Glamour de défilé

Profession créative et glamour de festival

Inspiration Office Chic

Pour les femmes des secteurs créatifs, la tenue de bureau peut être à la fois soignée et expressive. Des pantalons larges dans des tons vifs, associés à des blouses à motifs ou des bijoux audacieux, créent un équilibre parfait. Superposez avec un trench léger ou un cardigan oversize pour ajouter de la profondeur.

L'objectif : exprimer le professionnalisme sans étouffer la créativité.

Inspiration Runway Glam

Le glamour de festival célèbre la couleur et l'énergie.

Pensez à des robes longues et fluides, des franges, des broderies colorées. Les tissus scintillants comme le lamé ou le tulle métallisé captent magnifiquement la lumière en mouvement. Ajoutez des accessoires imposants - boucles d'oreilles XXL, bracelets massifs, ceintures ornées - pour amplifier l'esprit festif.

Guide de pratique et notes de mode

Considérez cette page comme votre laboratoire de mode. Testez vos idées, combinez des éléments opposés et voyez ce qui se passe. L'innovation naît souvent de la transgression des règles.

Comment utiliser cette page :

- Mélangez deux styles contrastés (décontracté vs formel, minimaliste vs oversize).
- Ajoutez des accessoires pour modifier l'ambiance.
- Notez ce qui a fonctionné et ce qui a clashé.

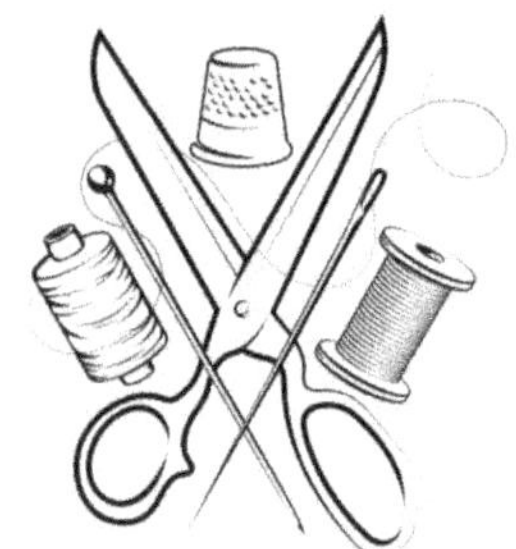

Réflexion et notes :

- Ai-je découvert une nouvelle combinaison aujourd'hui ?
- Qu'est-ce qui m'a le plus surpris dans ce design ?
- Cette tenue serait-elle portable dans la vraie vie ?

Astuce de pro : *Des associations inattendues créent souvent les looks les plus mémorables.*

Inspiration tenue : Streetwear

L'énergie de l'oversize : jouer avec les volumes

Les pièces oversize donnent au streetwear son identité affirmée. Imaginez un hoodie géant tombant mi-cuisse ou un pantalon cargo à jambes ultra-larges.

L'équilibre est la clé : associez un haut ample à un bas ajusté - ou l'inverse. Les crop tops se marient parfaitement avec des jeans baggy ou des joggers.

Palette de couleurs : les neutres dominent, mais une pièce néon ou pastel devient le point focal.

Astuce de pro : *dans votre croquis, accentuez légèrement le volume - manches plus longues, capuches plus grandes, pantalons plus amples - pour bien saisir l'esthétique oversize.*

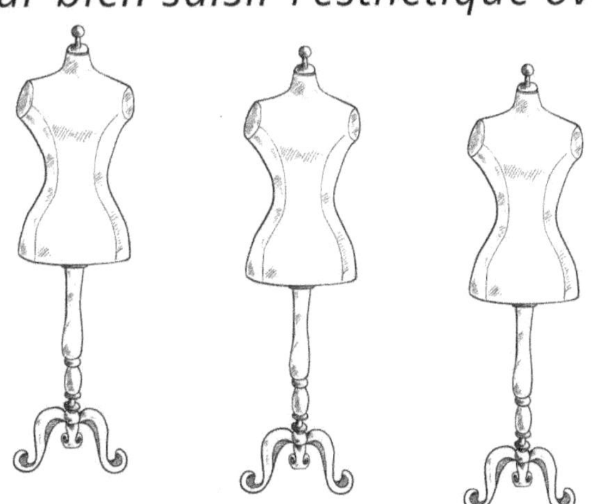

60

Tendances

Inspiration

Tissus

Notes

Détails

Échantillons

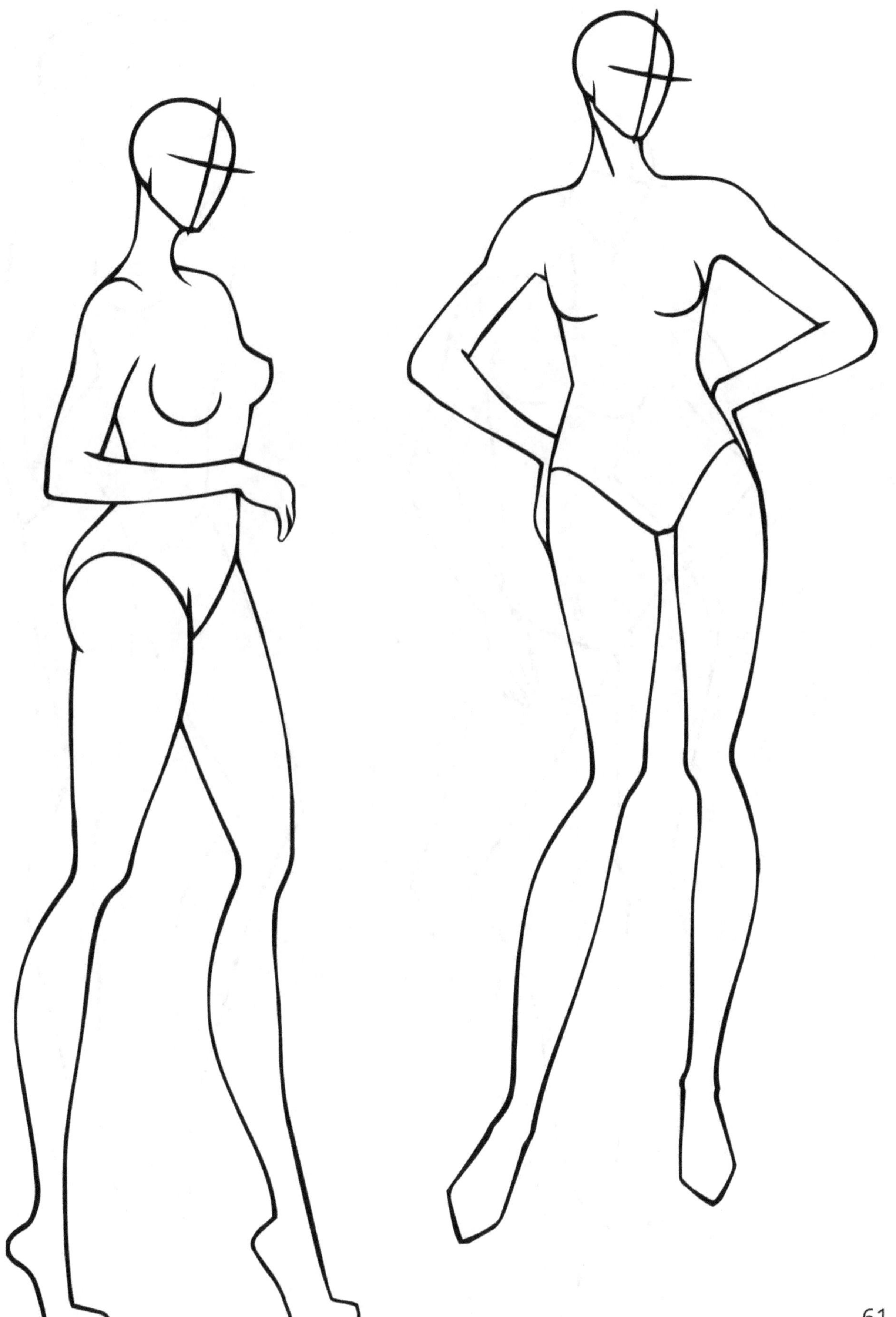

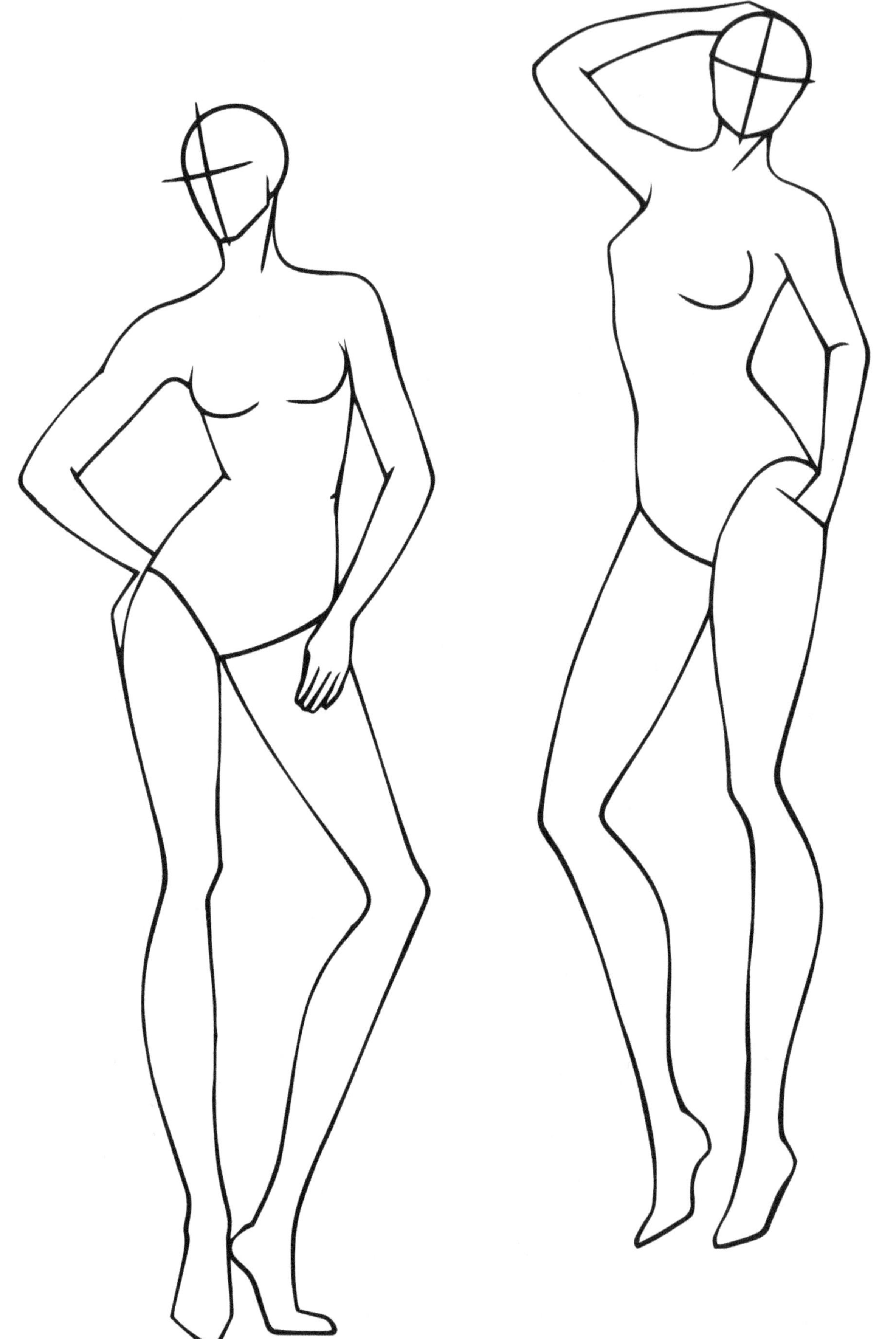

Vos notes et photos d'inspiration

Cette page est votre galerie créative. Utilisez-la pour suivre vos progrès, capturer vos idées préférées, et réfléchir à votre évolution de créateur.

- Ajoutez des croquis, photos d'inspiration ou découpages pour donner vie à vos idées de mode.
- Notez les couleurs, tissus ou détails qui vous ont inspiré.
- Laissez de la place à votre vous du futur pour comparer vos styles et observer votre progression.

Astuce de pro : *Une seule image ou un simple échantillon peut inspirer toute une collection. N'ayez pas peur de garder les plus petits détails qui éveillent votre imagination.*

Inspiration tenue :
Office Chic et Glamour de défilé

Tenue de pouvoir et glamour durable

Inspiration Office Chic

Le power dressing met en avant la taille et la structure. Un blazer croisé, une silhouette épaulée, un sac structuré - tout communique l'autorité. Associez-les à un pantalon ajusté ou une robe cintrée pour équilibrer les volumes. Les couleurs fortes comme le bordeaux profond ou le vert forêt renforcent l'impact sans perdre en élégance.

Inspiration Runway Glam

Le glamour durable prouve que la mode responsable peut être spectaculaire. Expérimentez avec des tissus biologiques, des textiles recyclés, des teintures naturelles. Créez des silhouettes de podium qui démontrent que l'éthique et l'esthétique peuvent coexister. Des robes fluides dans des tons terreux, ornées de bijoux recyclés, incarnent la beauté d'une mode consciente.

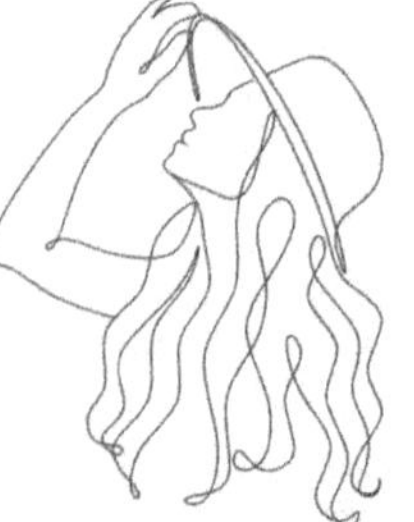

Guide de pratique et notes de mode

La mode, c'est aussi la fonctionnalité. Utilisez cette page pour réfléchir à la portabilité, au confort et à la polyvalence de vos créations. Dessiner avec une intention pratique renforce le design.

Comment utiliser cette page :

- Concevez pour une occasion précise (travail, voyage, détente).
- Pensez au mouvement : peut-on marcher, s'asseoir, danser ?
- Ajoutez des notes sur la praticité (tissu, coupe, confort).

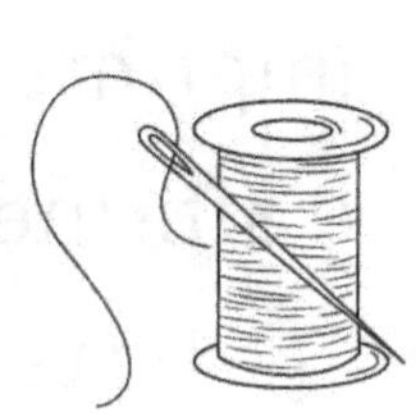

Réflexion et notes :

- Ai-je équilibré style et confort ?
- Quel détail rend la tenue la plus portable ?
- Comment pourrais-je adapter ce design à une autre situation ?

Astuce de pro : *Les détails pratiques transforment souvent une idée en création réelle.*

____

____

____

____

____

____

____

Inspiration tenue : Streetwear

Messages graphiques

Le streetwear se veut souvent expressif et audacieux. Les imprimés graphiques et slogans sont des moyens puissants d'affirmer une attitude.

T-shirts oversize avec texte fort, sweats à capuche illustrés façon cartoon, vestes imprimées au dos - ce sont de véritables œuvres portables.

Exercice de design : croquez un hoodie uni, puis remplissez le dos d'un graphisme : abstraction, motif naturel ou mot fort exprimant la confiance.

Astuce tissu : sérigraphie, broderie ou patchwork sont des techniques réelles - mais sur papier, votre imagination n'a aucune limite.

Tendances

Inspiration

Tissus

Notes

Détails

Échantillons

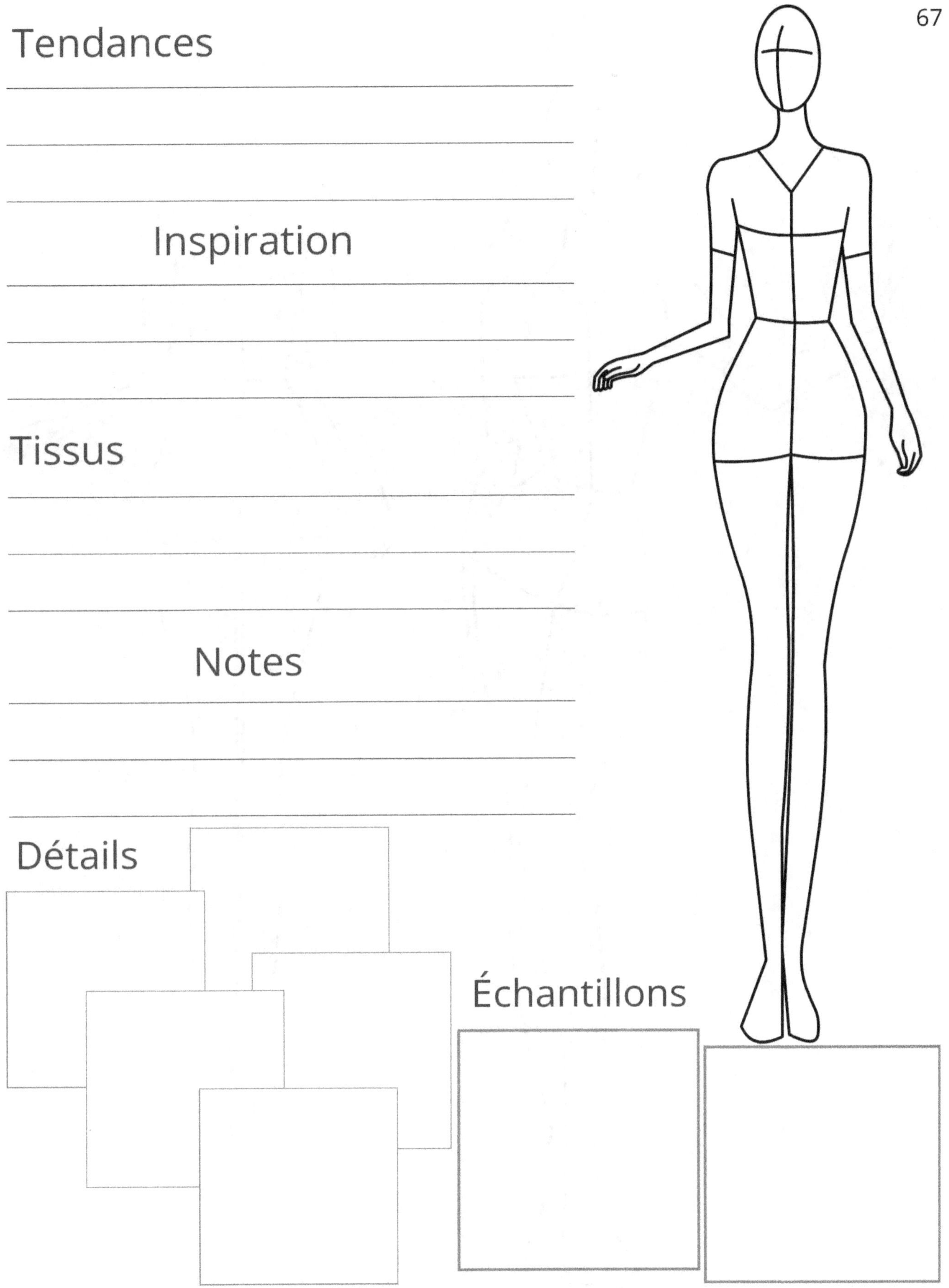

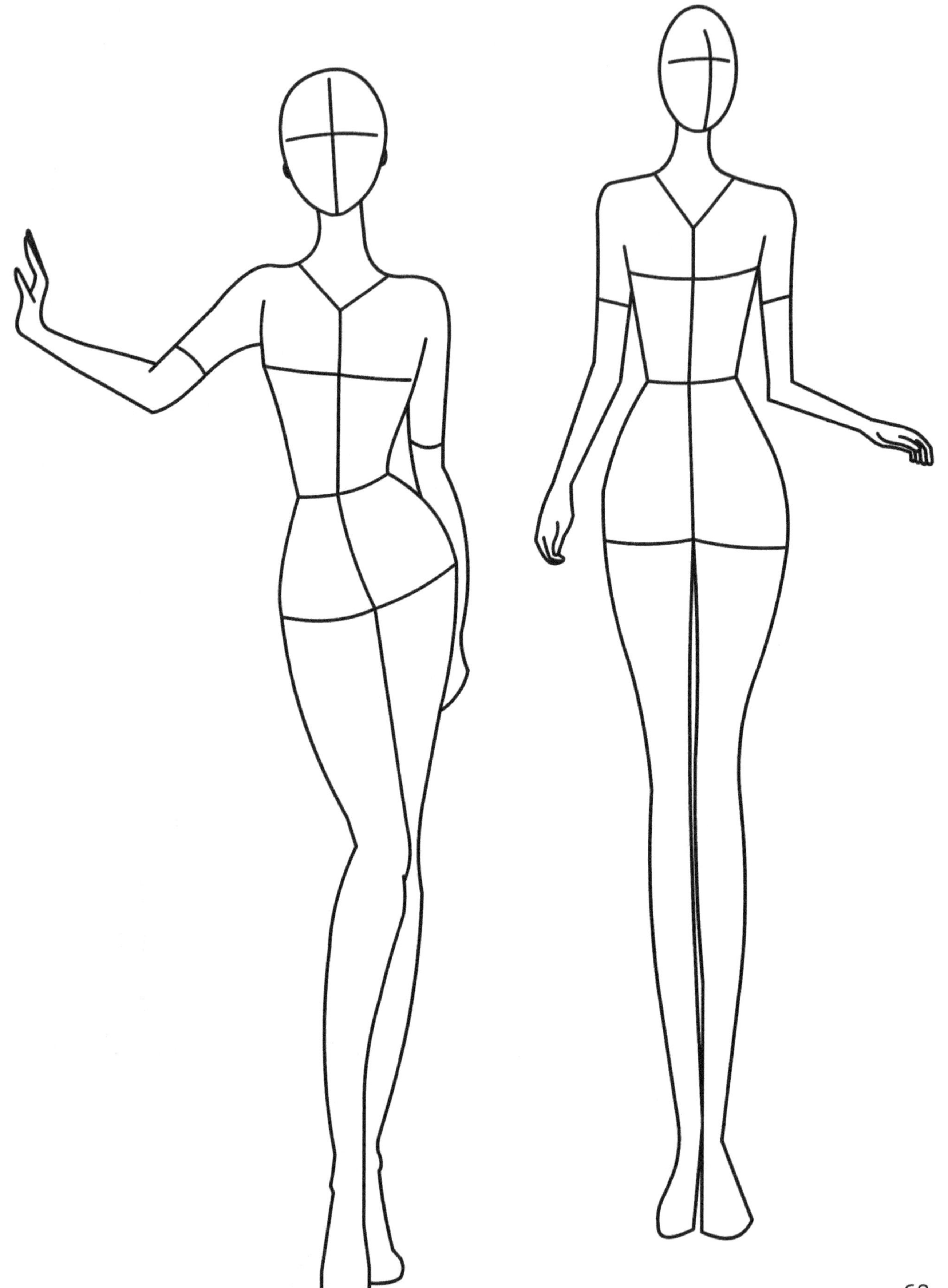

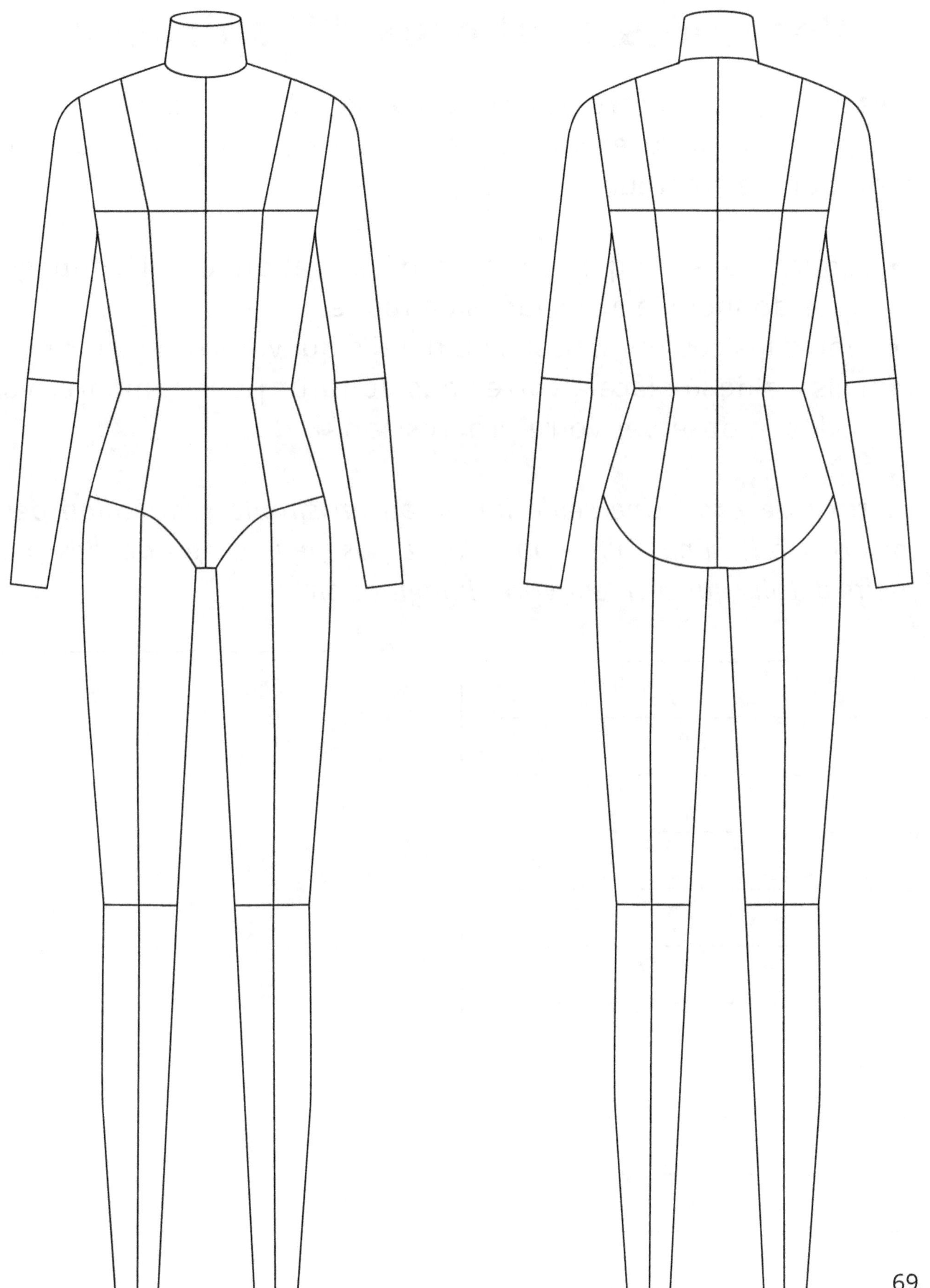

Vos notes et photos d'inspiration

Cette page est votre galerie créative. Utilisez-la pour suivre vos progrès, capturer vos idées préférées, et réfléchir à votre évolution de créateur.

- Ajoutez des croquis, photos d'inspiration ou découpages pour donner vie à vos idées de mode.
- Notez les couleurs, tissus ou détails qui vous ont inspiré.
- Laissez de la place à votre vous du futur pour comparer vos styles et observer votre progression.

Astuce de pro : *Une seule image ou un simple échantillon peut inspirer toute une collection. N'ayez pas peur de garder les plus petits détails qui éveillent votre imagination.*

Inspiration tenue : Office Chic et Glamour de défilé

Vendredi détendu et haute couture

Inspiration Office Chic

Le casual Friday ouvre la porte à des associations plus souples. Un denim foncé avec une blouse en soie et un blazer structuré marie confort et élégance. Les chaussures vont des bottines élégantes aux baskets blanches épurées. Terminez avec des accessoires soignés - sac cabas ou ceinture fine - pour un ensemble équilibré.

Inspiration Runway Glam

La haute couture, c'est l'art porté. Broderies minutieuses, tissus luxueux et silhouettes avant-gardistes transforment les vêtements en sculptures vivantes. Pensez à des volants exagérés, des traînes spectaculaires, des détails cousus main.

Chaque création célèbre le savoir-faire artisanal et la beauté du geste.

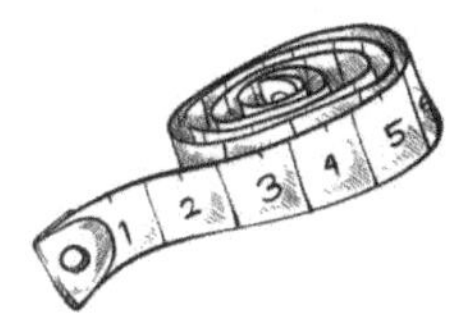

Guide de pratique et notes de mode

Les textures donnent vie aux vêtements. Utilisez cette page pour imaginer les matières, les surfaces et les sensations. Même un croquis plat peut devenir tactile grâce aux bons détails.

Comment utiliser cette page :

- Dessinez des vêtements et indiquez les matières (denim, soie, laine, tulle).
- Expérimentez en mariant textures légères et lourdes.
- Notez comment le tissu devrait bouger.

Réflexion et notes :

- Quelle combinaison de tissus fonctionne le mieux ?
- Ai-je équilibré texture et silhouette ?
- Comment améliorer l'impact visuel ?

Astuce de pro : *La texture est l'ingrédient secret qui rend une tenue inoubliable.*

Inspiration tenue : Streetwear

Streetwear en tons neutres

Le streetwear n'est pas toujours tapageur. Les tons neutres minimalistes (noir, beige, gris, blanc) créent des looks puissants et raffinés. Ces tenues misent sur les formes épurées et les superpositions simples. Imaginez un jogging beige, un crop top noir, un manteau gris oversize et des baskets blanches.

Les accessoires restent discrets : casquette, mini-sac à dos, bijoux minimalistes.

Exercice de croquis : Dessinez une tenue streetwear monochrome, puis ajoutez un seul accent contrasté (par exemple, une ceinture rouge ou des chaussures fluo) pour observer comment ce détail change toute l'ambiance.

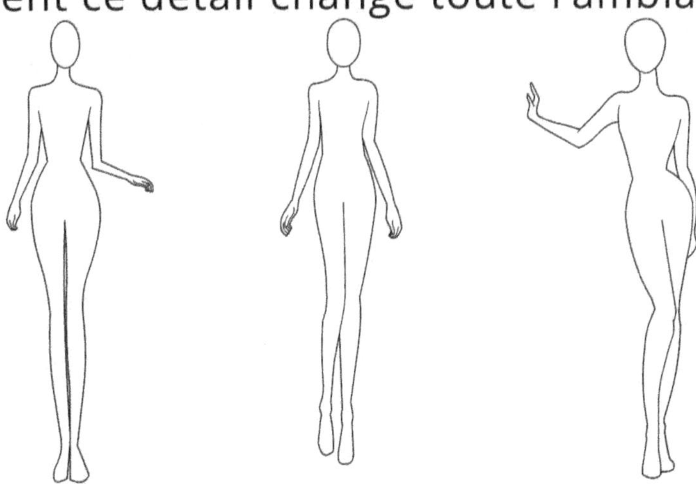

Tendances

Inspiration

Tissus

Notes

Détails

Échantillons

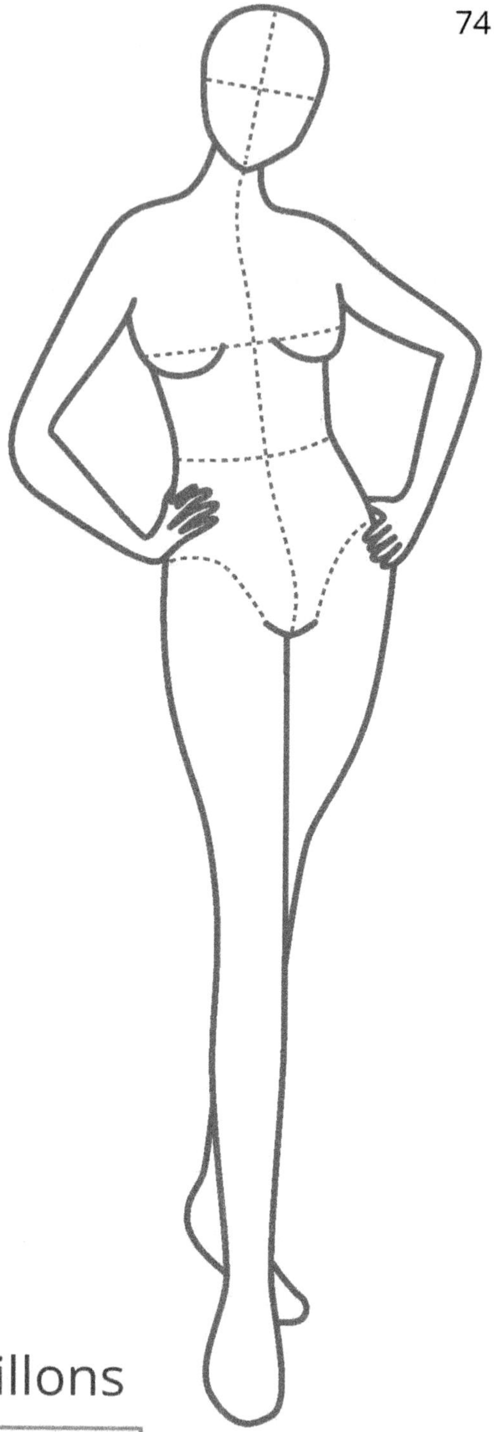

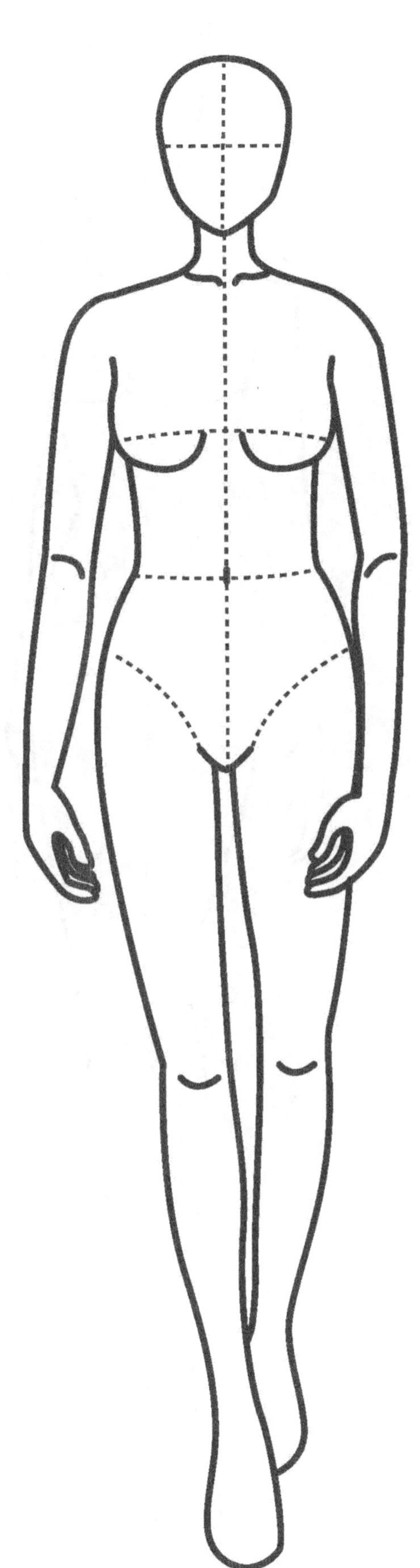
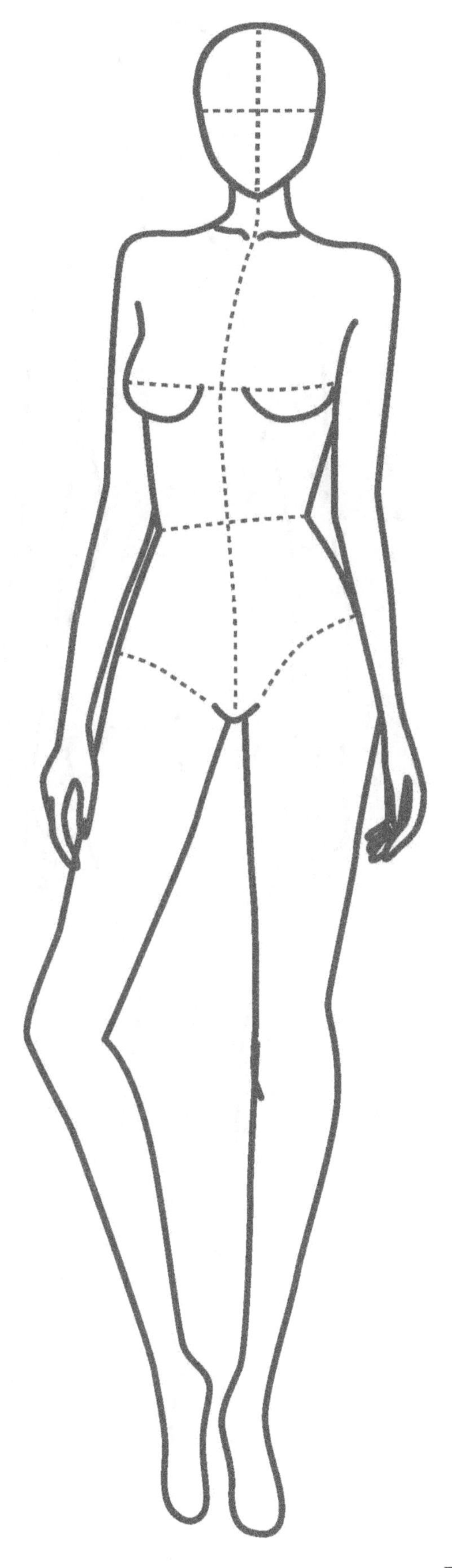

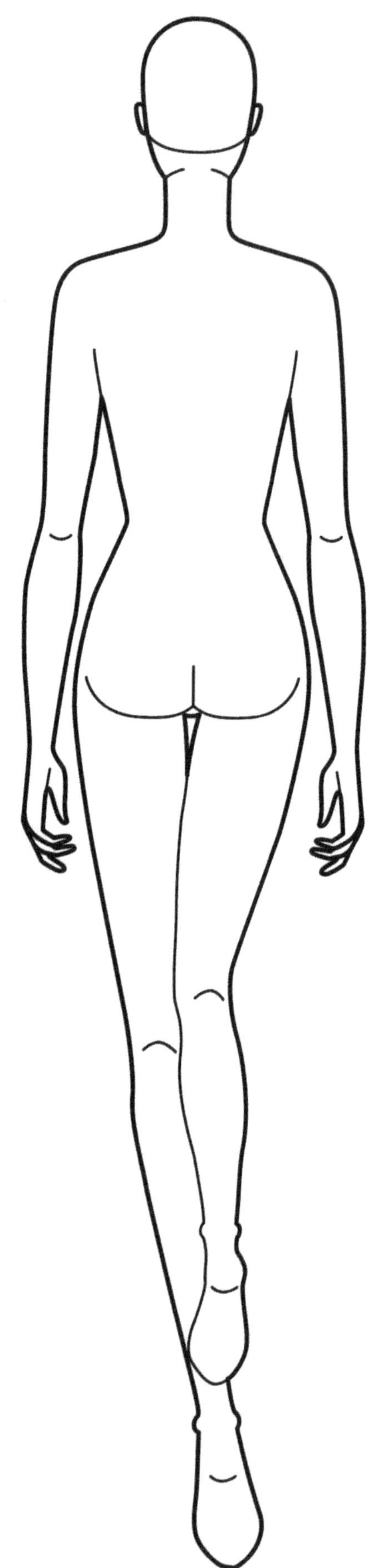
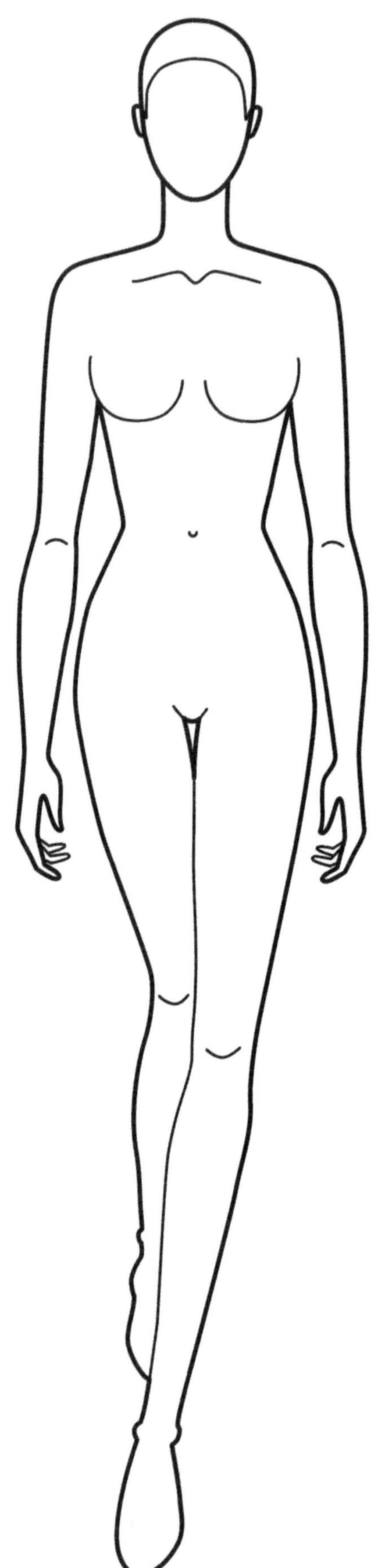

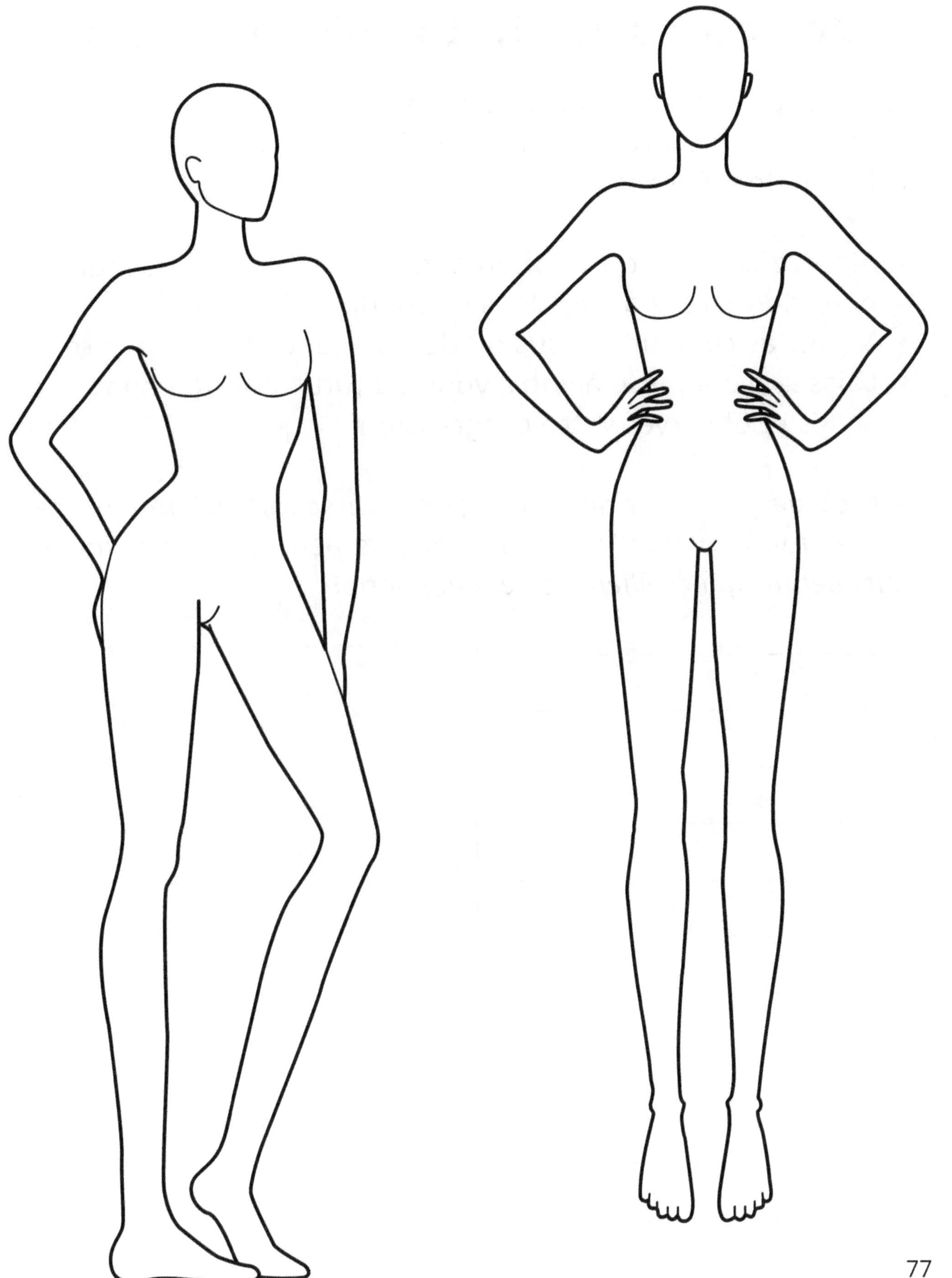

Vos notes et photos d'inspiration

Cette page est votre galerie créative. Utilisez-la pour suivre vos progrès, capturer vos idées préférées, et réfléchir à votre évolution de créateur.

- Ajoutez des croquis, photos d'inspiration ou découpages pour donner vie à vos idées de mode.
- Notez les couleurs, tissus ou détails qui vous ont inspiré.
- Laissez de la place à votre vous du futur pour comparer vos styles et observer votre progression.

Astuce de pro : *Une seule image ou un simple échantillon peut inspirer toute une collection. N'ayez pas peur de garder les plus petits détails qui éveillent votre imagination.*

Inspiration tenue :
Office Chic et Glamour de défilé

Style de bureau monochrome et minimalisme de podium

Inspiration Office Chic

Un look monochrome inspire immédiatement cohérence et élégance. Choisissez une même famille de couleurs - tout beige, tout gris ou tout marine - et jouez sur les textures. Une jupe en laine, une blouse en soie et une ceinture en cuir dans des tons assortis créent une allure subtile mais sophistiquée. Les bijoux minimalistes renforcent cette impression de pureté.

Inspiration Runway Glam

Le glamour minimaliste célèbre la simplicité maîtrisée. Des robes longues aux lignes épurées, sans excès d'ornements, dans des couleurs franches comme l'émeraude ou le cobalt, produisent un effet saisissant. Associez-les à un seul accessoire fort - boucles d'oreilles chandelier ou pochette sculpturale. Moins, c'est plus, mais l'impact reste inoubliable.

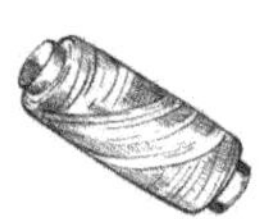
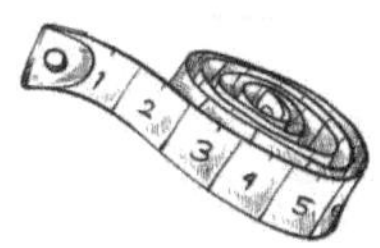

Guide de pratique et notes de mode

Les accessoires peuvent transformer totalement une tenue. Utilisez cette page pour tester comment les sacs, chaussures ou bijoux rehaussent votre croquis.

Comment utiliser cette page :

- Commencez par une tenue de base simple.
- Ajoutez 2 à 3 ensembles d'accessoires différents.
- Notez quelle version semble la plus réussie.

Réflexion et notes :

- Quel accessoire a apporté le plus de caractère ?
- Les accessoires ont-ils dominé ou mis en valeur la tenue ?
- Comment puis-je affiner l'équilibre entre vêtements et ajouts ?

Astuce de pro : *Les accessoires sont de petits détails qui font de grandes déclarations.*

Inspiration tenue : Streetwear

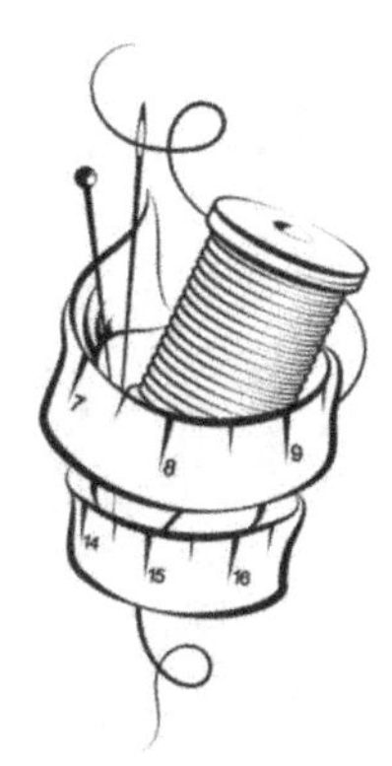

Streetwear avec une touche féminine

Le streetwear ne rime pas forcément avec tomboy.

Ajouter des détails féminins crée un équilibre : jupes associées à des baskets, robes nuisettes superposées à des t-shirts, ou hoodies oversize portés avec des chaussettes hautes.

Inspiration matières : jupes en satin et vestes bomber, tops en dentelle et shorts en denim. Mélanger textures dures et douces donne un style frais et original.

Défi croquis : concevez une tenue qui inclut à la fois un élément féminin (comme une jupe) et une pièce streetwear classique (comme un hoodie ou des baskets).

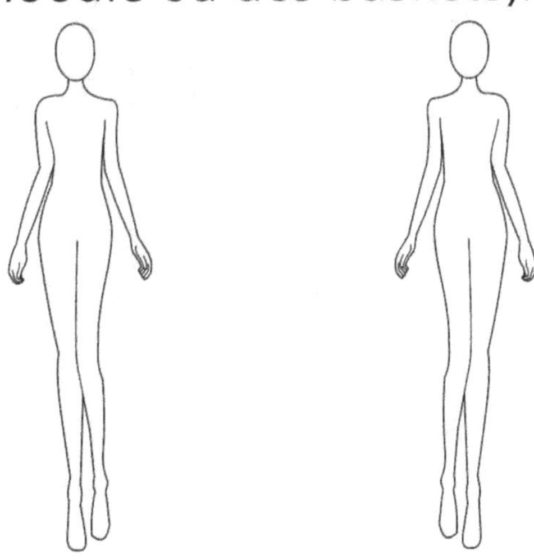

Tendances

Inspiration

Tissus

Notes

Détails

Échantillons

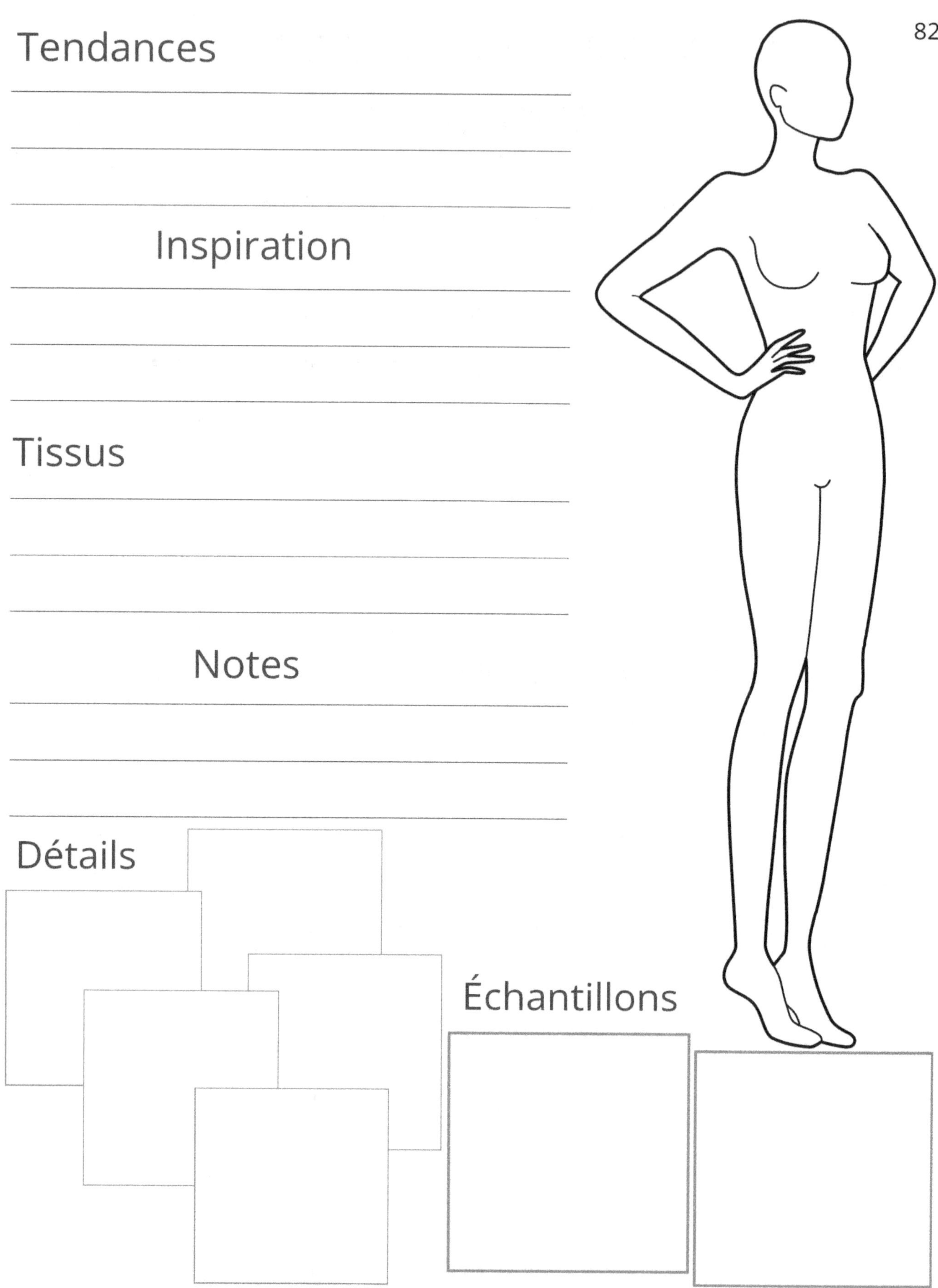

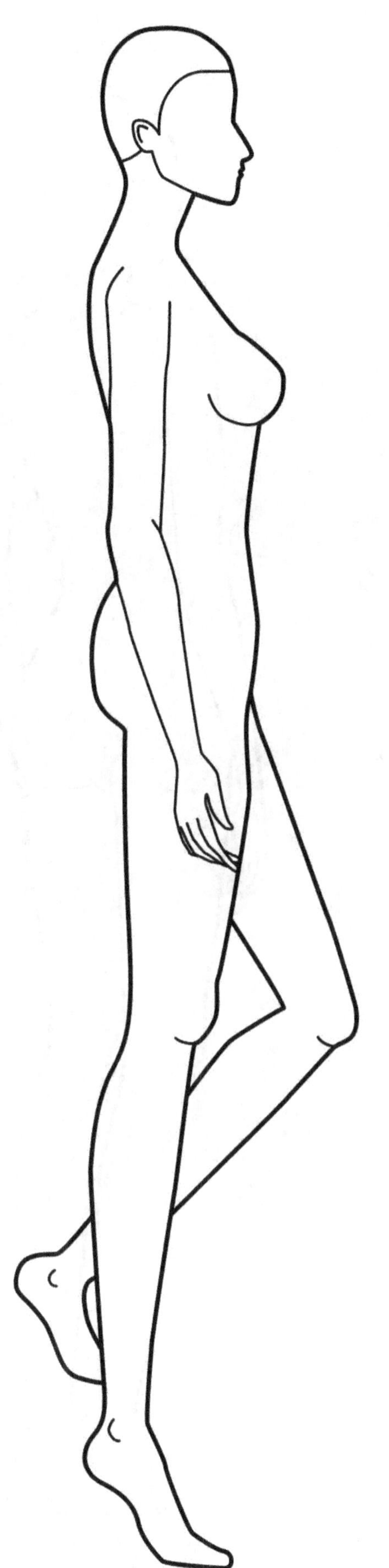
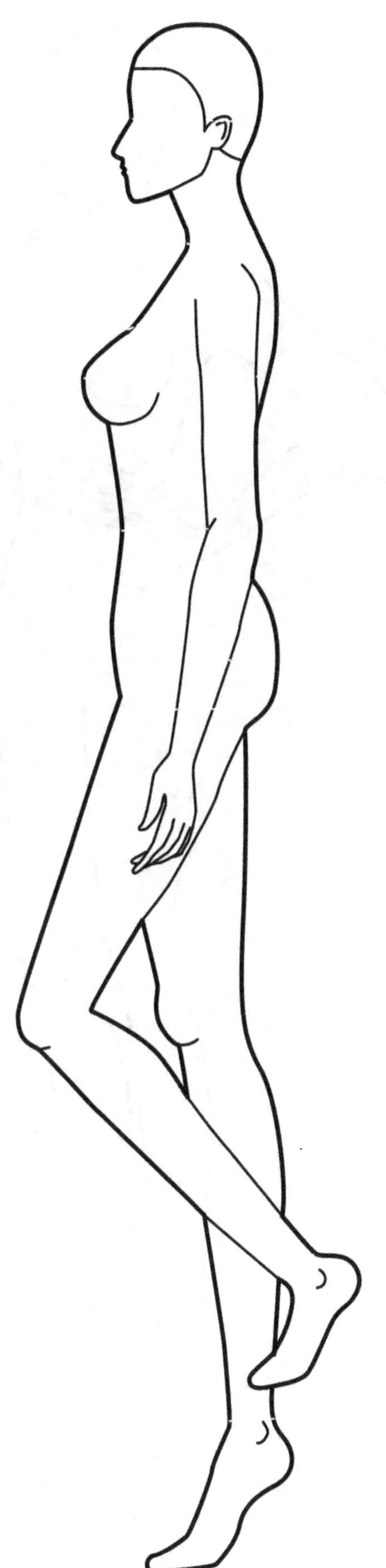

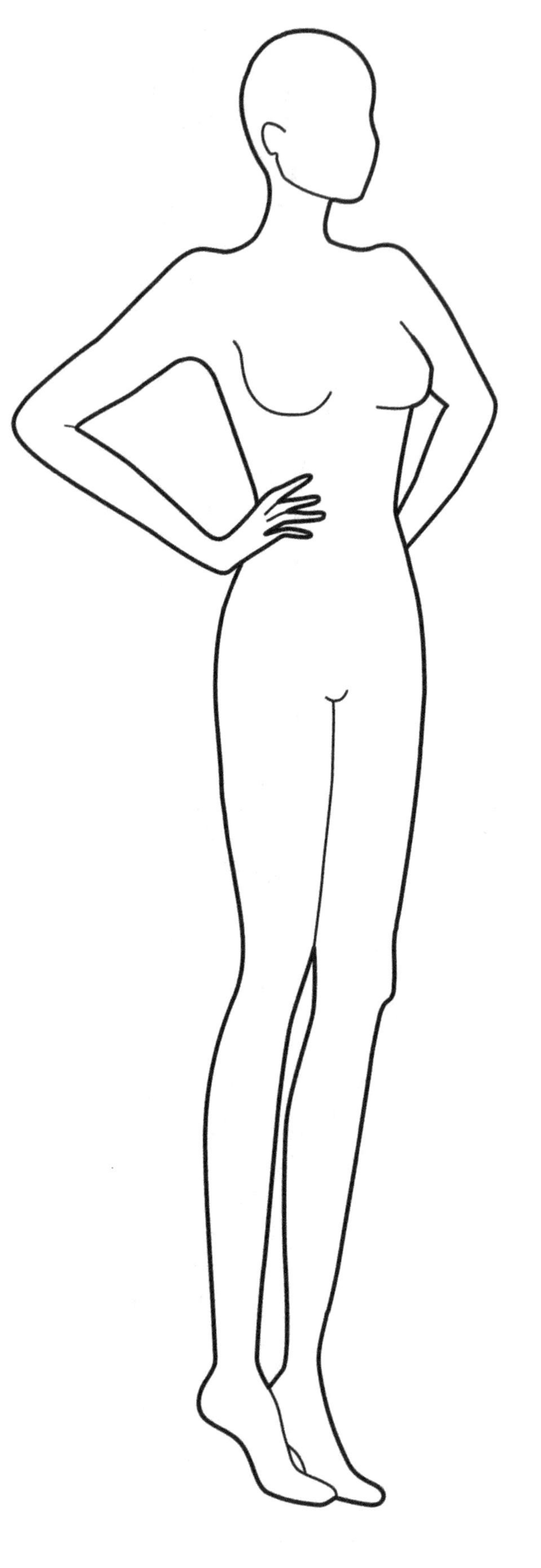
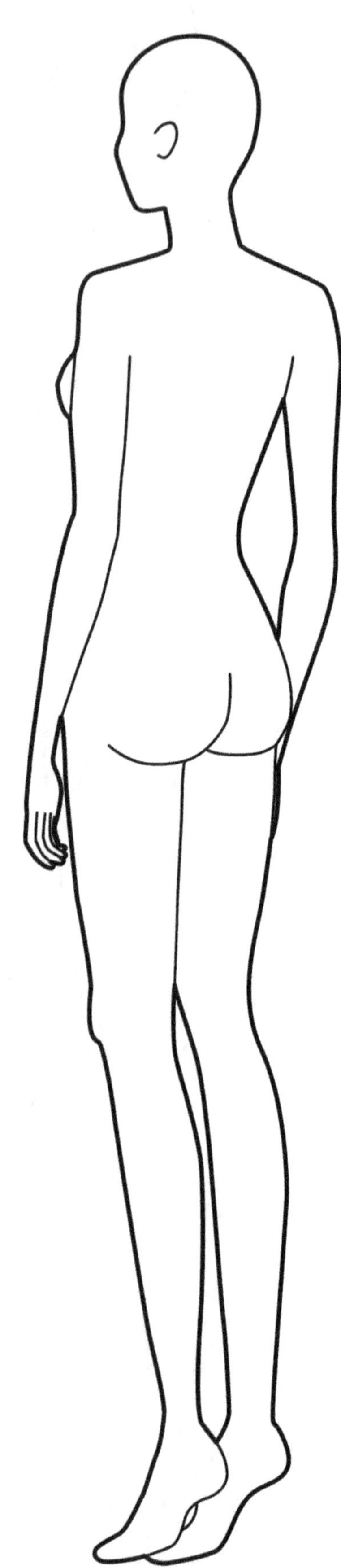

Vos notes et photos d'inspiration

Cette page est votre galerie créative. Utilisez-la pour suivre vos progrès, capturer vos idées préférées, et réfléchir à votre évolution de créateur.

- Ajoutez des croquis, photos d'inspiration ou découpages pour donner vie à vos idées de mode.
- Notez les couleurs, tissus ou détails qui vous ont inspiré.
- Laissez de la place à votre vous du futur pour comparer vos styles et observer votre progression.

Astuce de pro : *Une seule image ou un simple échantillon peut inspirer toute une collection. N'ayez pas peur de garder les plus petits détails qui éveillent votre imagination.*

Inspiration tenue :
Office Chic et Glamour de défilé

Féminité moderne et élégance futuriste

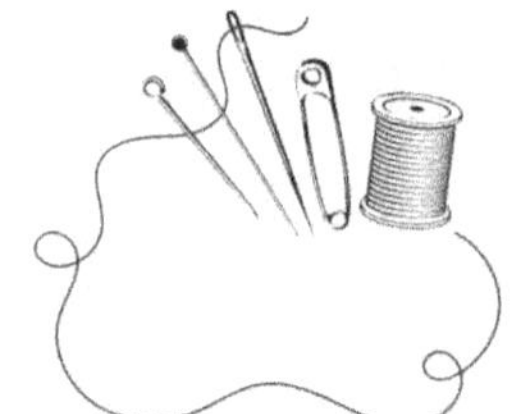

Inspiration Office Chic

Modernisez les classiques du bureau avec une touche féminine. Une blouse à volants doux, une jupe plissée ou un pantalon dans des tons pastel apportent de la fraîcheur à la garde-robe professionnelle. Associez-les à des chaussures neutres et à des accessoires discrets pour un équilibre harmonieux. Le look reste professionnel, mais profondément personnel.

Inspiration Runway Glam

L'élégance futuriste marie innovation et grâce. Pensez à des tissus fluides combinés à des accents métalliques. Des robes à corsage structuré et jupes vaporeuses créent un contraste entre rigidité et douceur. Des ceintures chromées ou bijoux sculpturaux complètent ce style avant-gardiste et raffiné.

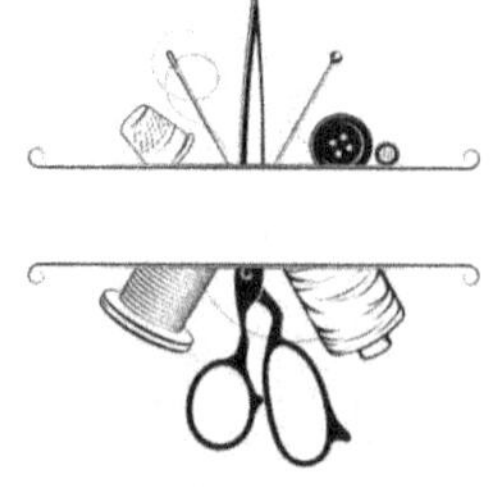

Guide de pratique et notes de mode

Chaque croquis est une occasion d'affiner les proportions. Considérez cette page comme votre terrain d'entraînement pour l'équilibre du corps et l'ajustement des vêtements.

Comment utiliser cette page :

- Concentrez-vous sur les ratios du corps (longueur du torse, des jambes, des bras).
- Ajustez la façon dont les vêtements tombent naturellement sur la silhouette.
- Ajoutez des notes d'ajustement : ample, ajusté, oversize.

Réflexion et notes :

- Mes proportions étaient-elles justes aujourd'hui ?
- Quelle partie du croquis semble la plus équilibrée ?
- Comment puis-je m'améliorer la prochaine fois ?

Astuce de pro : *De bonnes proportions sont la colonne vertébrale d'un grand design.*

Inspiration tenue : Streetwear

Le look utilitaire

Le streetwear s'inspire souvent du workwear et des tenues militaires. Pantalons cargo, gilets tactiques, poches multiples et ceintures à clips apportent la fonctionnalité dans la mode. Les couleurs tournent autour du kaki, du vert olive, du noir ou des imprimés camouflage. Complétez avec des rangers, des bob ou des sacs bandoulière utilitaires.

Idée de croquis : essayez un crop top avec pantalon cargo oversize et gilet tactique.

Ajoutez des bottes massives pour parfaire le style utilitaire.

Tendances

Inspiration

Tissus

Notes

Détails

Échantillons

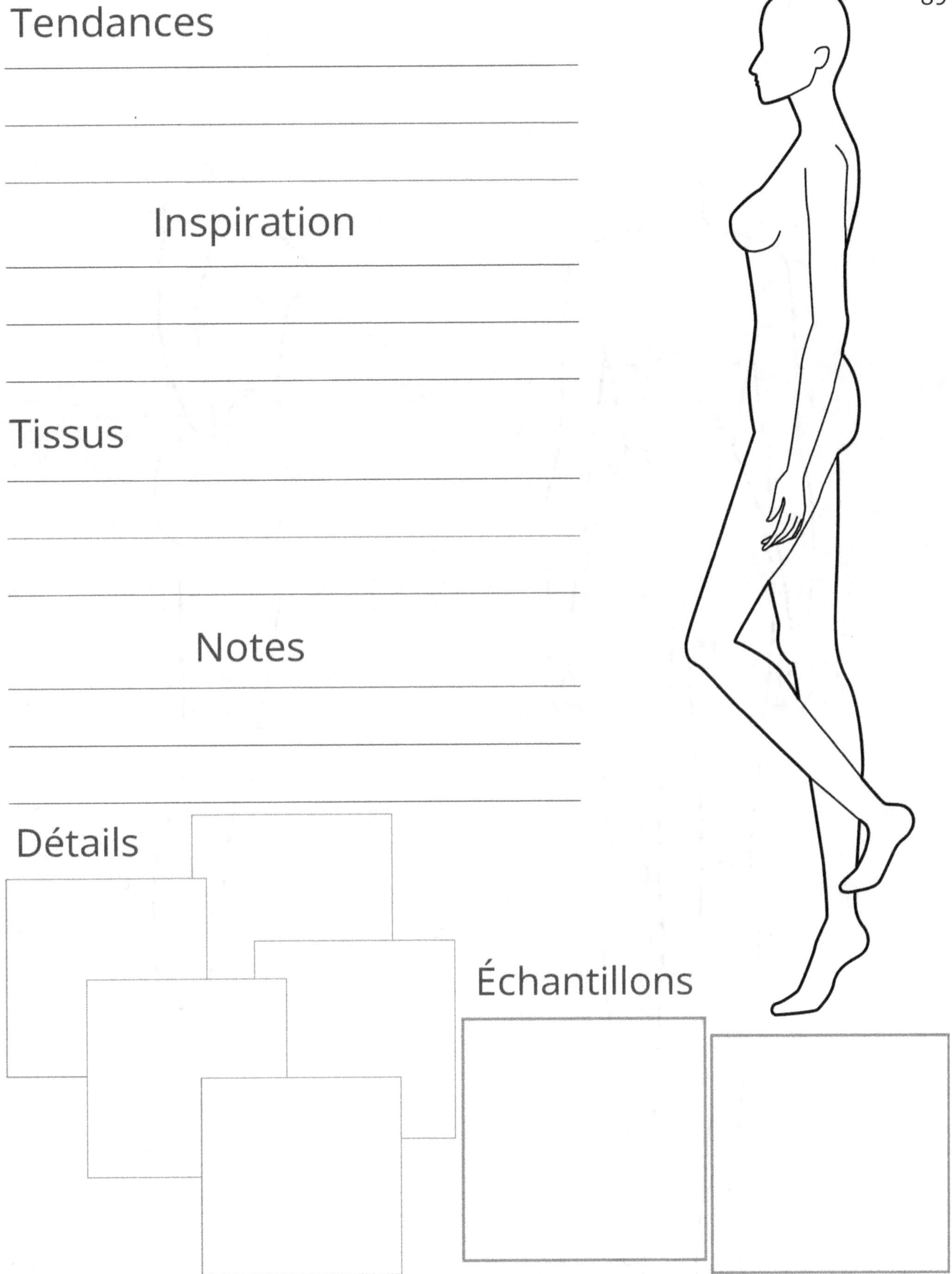

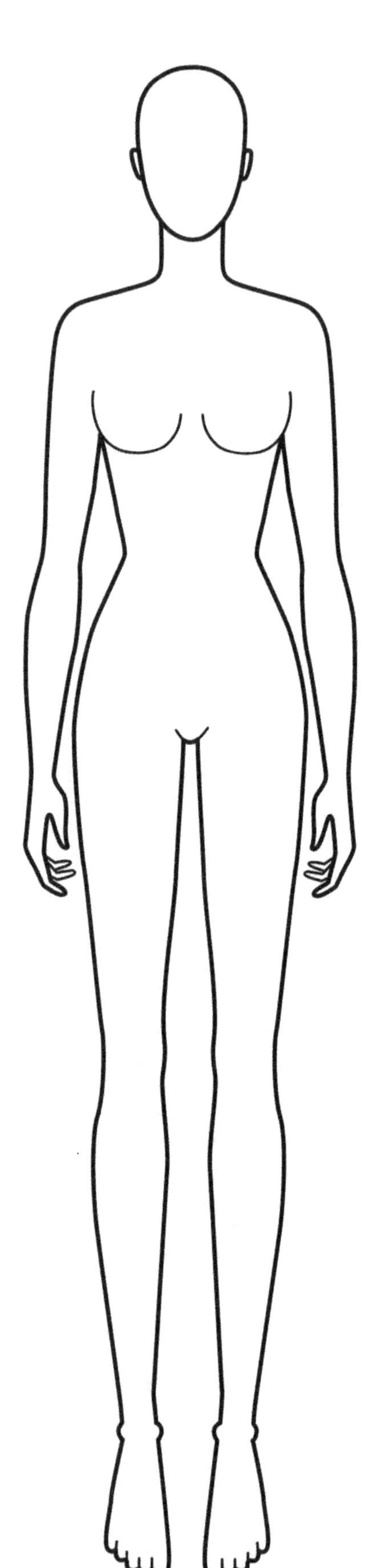
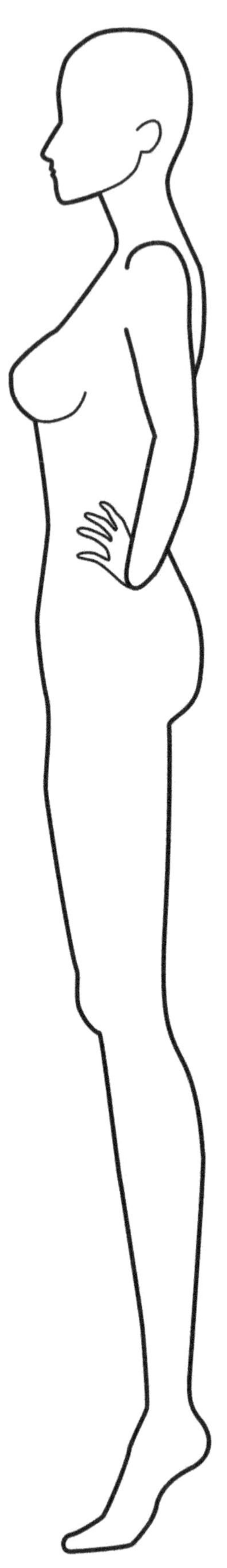

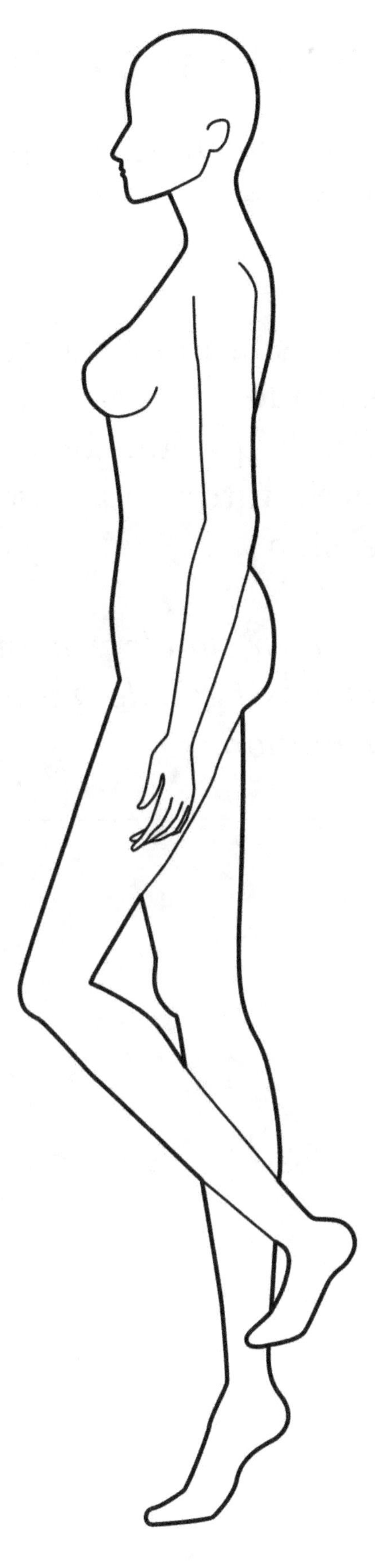
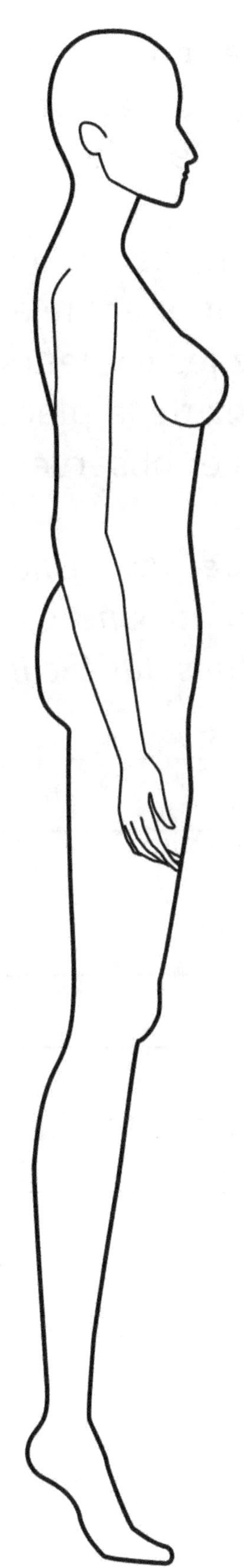

Vos notes et photos d'inspiration

Cette page est votre galerie créative. Utilisez-la pour suivre vos progrès, capturer vos idées préférées, et réfléchir à votre évolution de créateur.

- Ajoutez des croquis, photos d'inspiration ou découpages pour donner vie à vos idées de mode.
- Notez les couleurs, tissus ou détails qui vous ont inspiré.
- Laissez de la place à votre vous du futur pour comparer vos styles et observer votre progression.

Astuce de pro : Une seule image ou un simple échantillon peut inspirer toute une collection. N'ayez pas peur de garder les plus petits détails qui éveillent votre imagination.

Inspiration tenue : Office Chic et Glamour de défilé

Équilibre smart-casual et éclat de festival

Inspiration Office Chic

Le smart-casual est le juste milieu idéal pour beaucoup de bureaux. Associez un pantalon cigarette à un haut en maille ou une blouse rentrée. Ajoutez un blazer court pour structurer le tout, et terminez avec des flats ou bottines. Cet équilibre fonctionne parfaitement pour les journées créatives ou les réunions détendues.

Inspiration Runway Glam

Le glamour de festival rayonne d'énergie et de paillettes. Sequins, tissus holographiques, et palettes de couleurs audacieuses dominent. Jupes superposées, crop tops ornés, et accessoires ludiques - plumes, lunettes miroir - traduisent une ambiance festive et joyeuse.

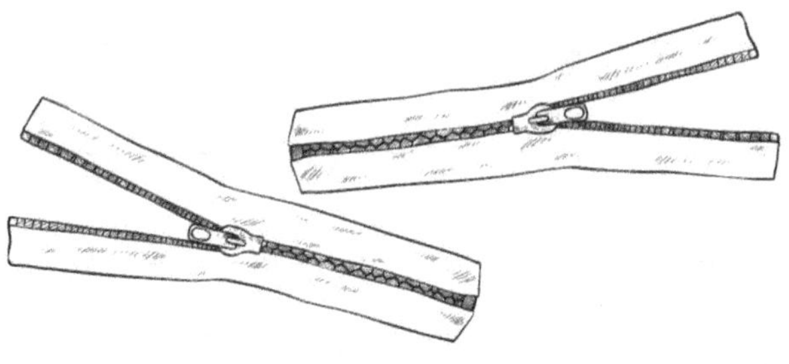

Guide de pratique et notes de mode

Les couleurs créent l'ambiance. Utilisez cette page pour expérimenter différentes palettes et voir comment elles transforment un même design.

Comment utiliser cette page :
- Croquez une tenue et appliquez 2 ou 3 combinaisons de couleurs.
- Identifiez les types : chaudes, froides, monochromes.
- Notez comment l'ambiance change selon la palette.

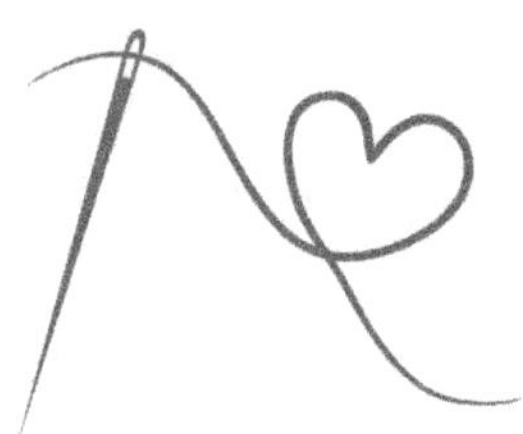

Réflexion et notes :
- Quelle palette traduit le mieux mon idée ?
- Les couleurs s'harmonisent-elles ou se heurtent-elles ?
- Comment pourrais-je réutiliser cette palette ?

Astuce de pro : *La bonne palette rend un design inoubliable.*

Inspiration tenue : Streetwear

La renaissance du streetwear vintage

Le streetwear revisite sans cesse les décennies passées - années 80, 90 et début 2000. Vestes en jean oversize, t-shirts tie-dye, chemises à carreaux, bobs rétro : tout revient sur le devant de la scène.

Défi design : recréez un look inspiré du passé avec une touche moderne.

Par exemple, un hoodie tie-dye avec des baskets contemporaines, ou un jean large avec crop top et lunettes statement.

Astuce de pro : La mode streetwear est cyclique - ce qui était "démodé" hier devient la tendance du moment.

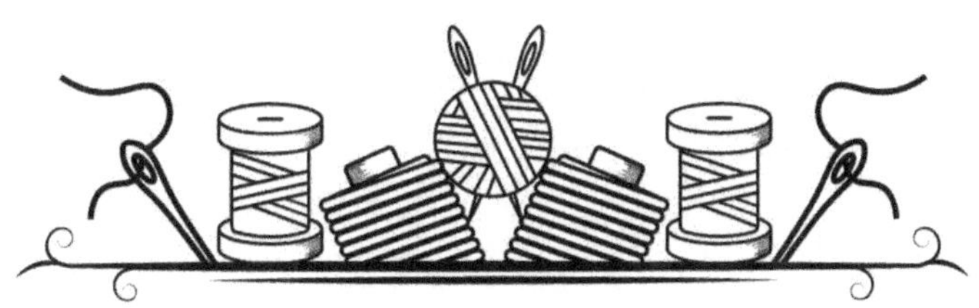

Tendances

Inspiration

Tissus

Notes

Détails

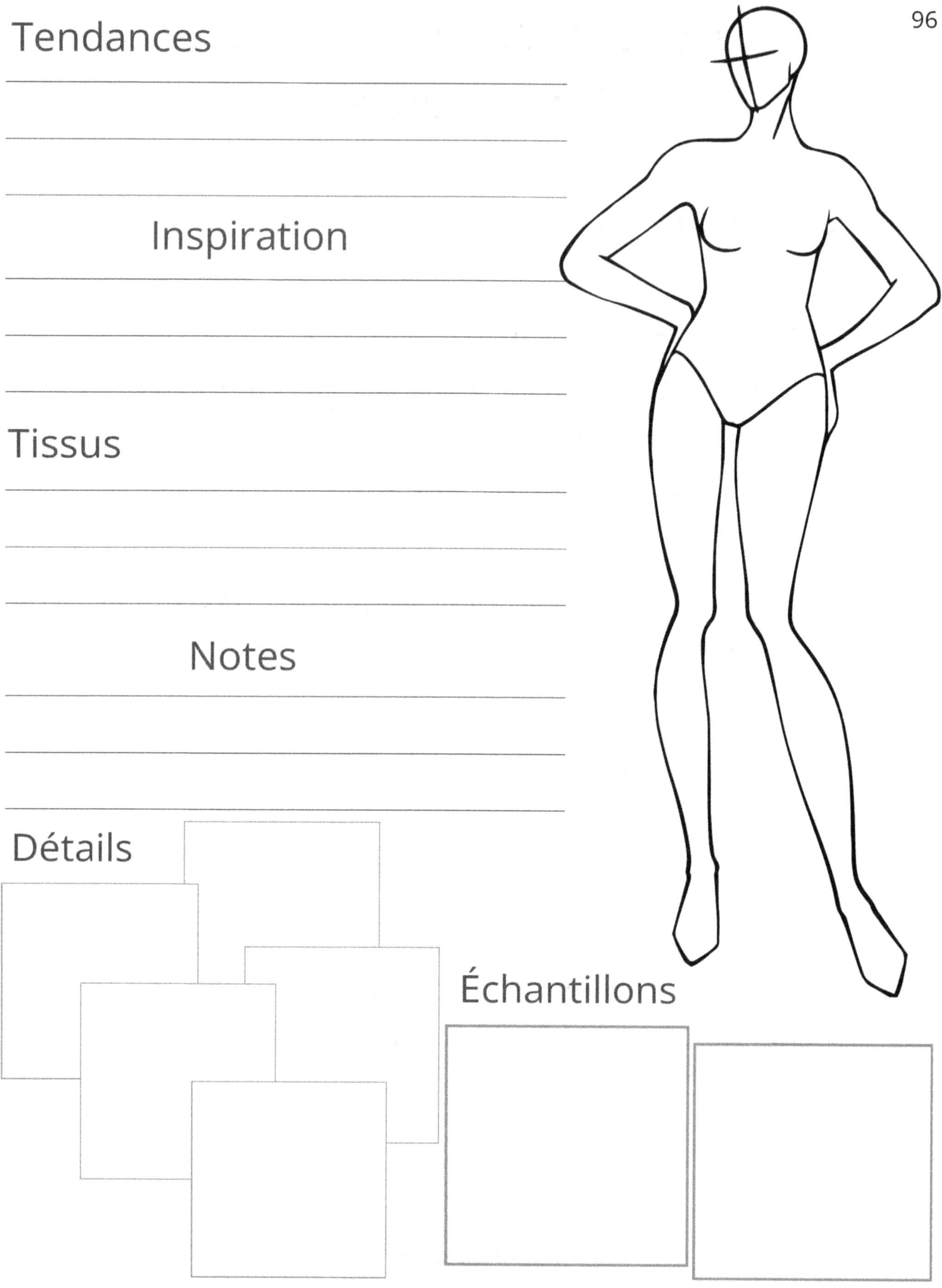

Échantillons

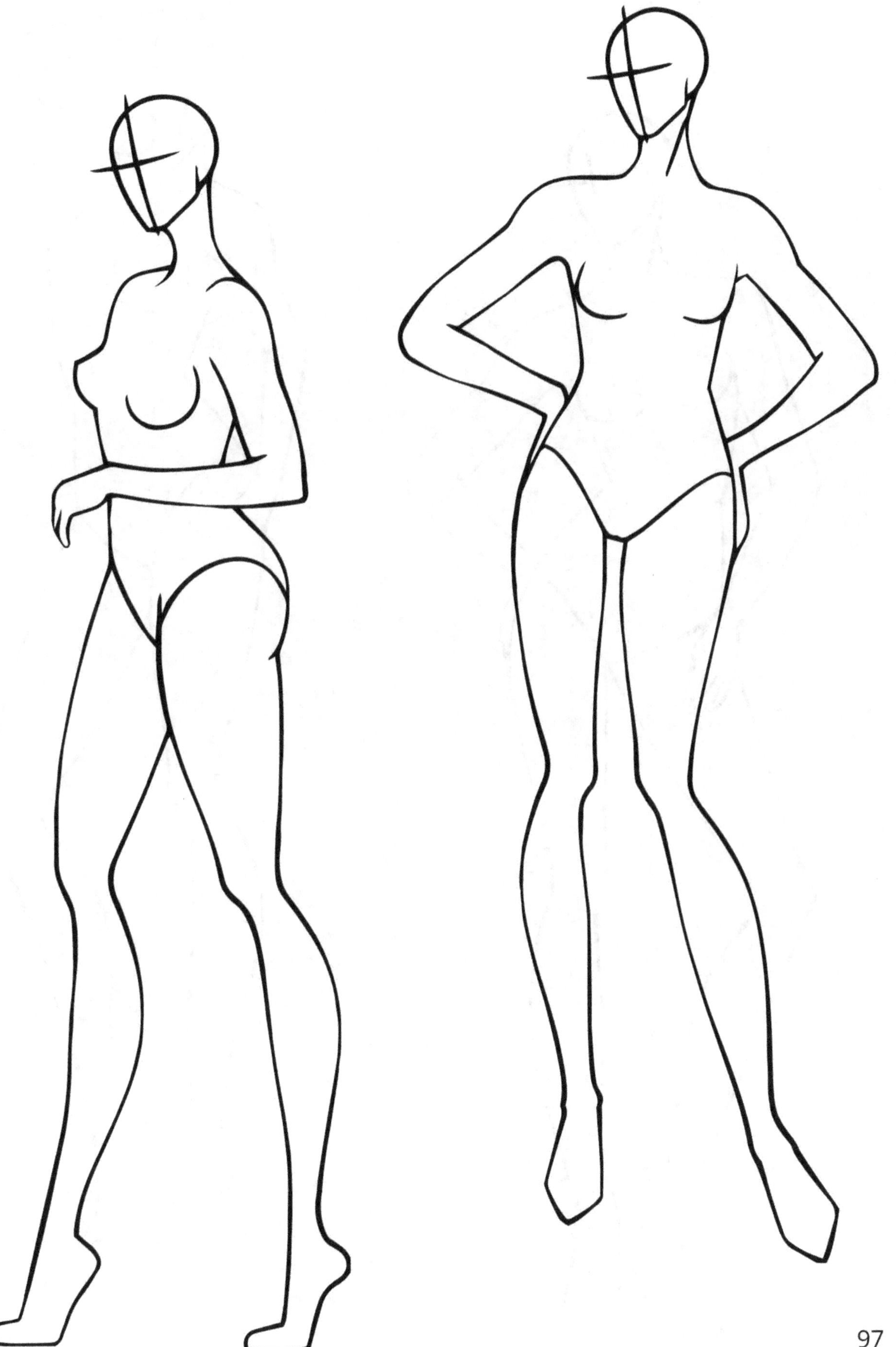

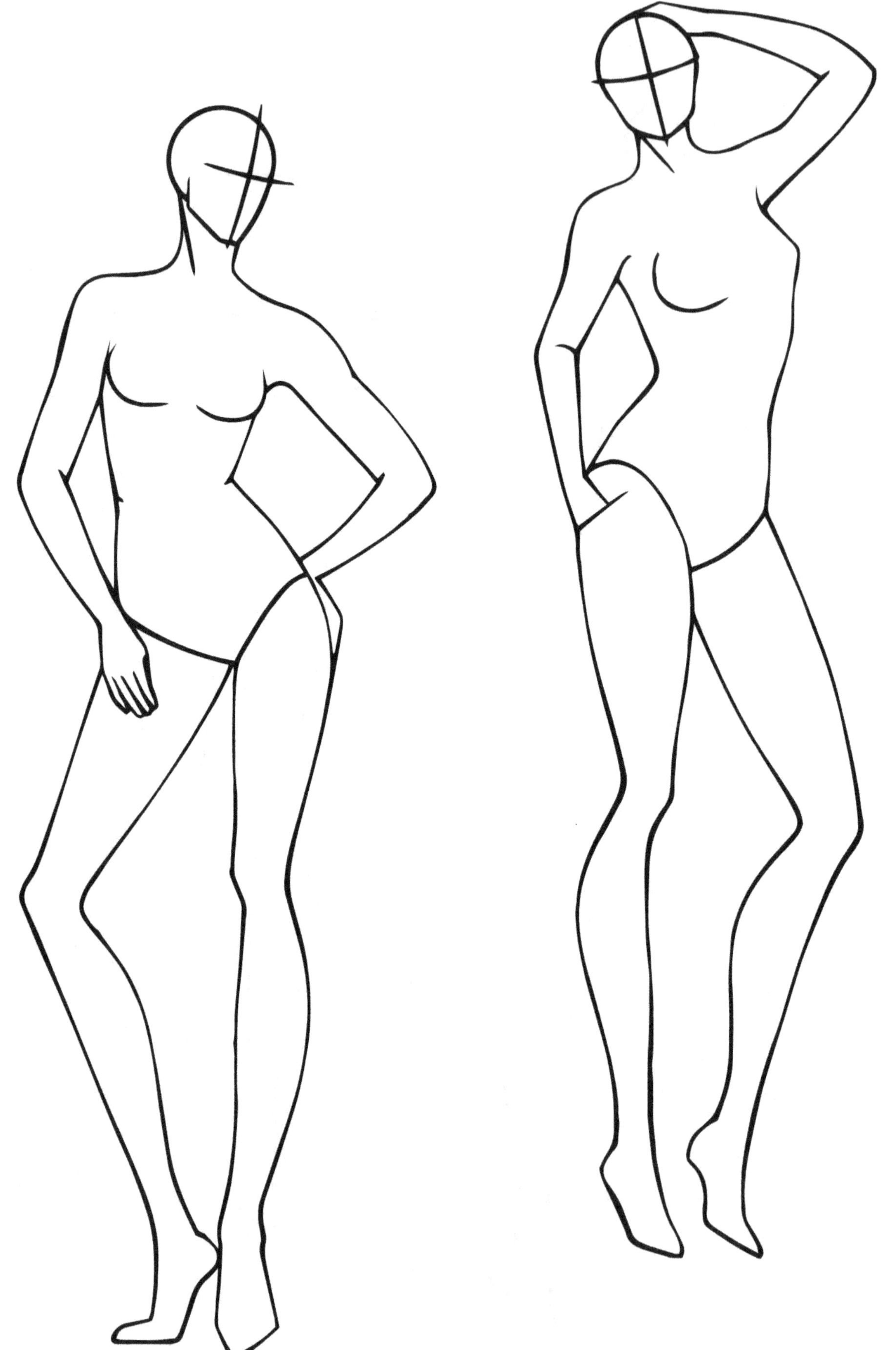

Vos notes et photos d'inspiration

Cette page est votre galerie créative. Utilisez-la pour suivre vos progrès, capturer vos idées préférées, et réfléchir à votre évolution de créateur.

- Ajoutez des croquis, photos d'inspiration ou découpages pour donner vie à vos idées de mode.
- Notez les couleurs, tissus ou détails qui vous ont inspiré.
- Laissez de la place à votre vous du futur pour comparer vos styles et observer votre progression.

Astuce de pro : *Une seule image ou un simple échantillon peut inspirer toute une collection. N'ayez pas peur de garder les plus petits détails qui éveillent votre imagination.*

Inspiration tenue :
Office Chic et Glamour de défilé

Robe élégante de bureau et couture durable

Inspiration Office Chic

Une robe élégante simplifie la matinée tout en conservant le style. Une robe fourreau au genou, unie, associée à une veste courte fonctionne à merveille. Choisissez des tissus souples mais structurés. Des chaussures neutres et une ceinture fine complètent l'ensemble.

Inspiration Runway Glam

La couture durable explore le luxe conscient. Les créateurs expérimentent la soie naturelle, le bambou, ou des ornements recyclés. Des robes longues réalisées avec un minimum de déchets allient beauté et innovation. Sur le podium, la mode éthique inspire autant qu'elle émerveille.

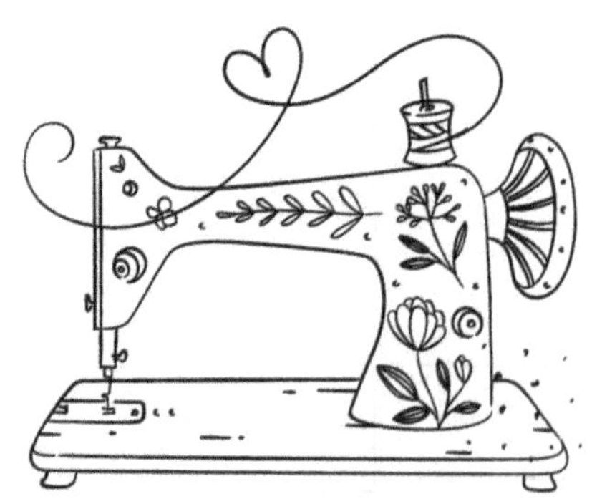

Guide de pratique et notes de mode

Les tenues prennent plus de force lorsqu'elles forment une collection. Utilisez cette page pour concevoir des pièces qui fonctionnent ensemble.

Comment utiliser cette page :
- Créez 2 à 3 variations d'un même thème.
- Gardez un élément unificateur (couleur, tissu, silhouette).
- Notez comment elles s'intègrent dans une garde-robe capsule.

Réflexion et notes :
- Mes croquis donnent-ils l'impression d'appartenir à une même collection ?
- Quelle pièce ressort le plus ?
- Comment renforcer leur cohérence ?

Astuce de pro : *Les collections solides reposent sur la cohérence... avec une touche d'audace.*

Inspiration tenue : Streetwear

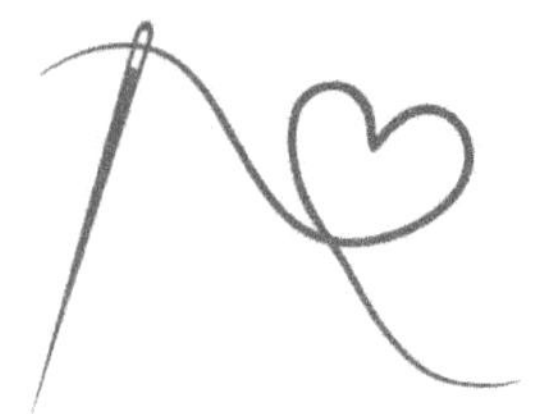

Les sneakers au centre du style

Les sneakers sont bien plus que des chaussures dans le streetwear : ce sont le point de départ de la tenue.
Parfois, tout le look se construit autour d'elles.

Exercice design : imaginez une paire de sneakers audacieuses (couleurs néon, montantes, semelles épaisses) et créez toute la tenue en fonction.

Par exemple : jogging ample rentré dans les chaussettes, hoodie court, bomber superposé.

Astuce tissu : Équilibrez des sneakers voyantes avec des vêtements neutres, ou reprenez des détails (lacets, bandes) dans les accessoires pour créer de la cohésion.

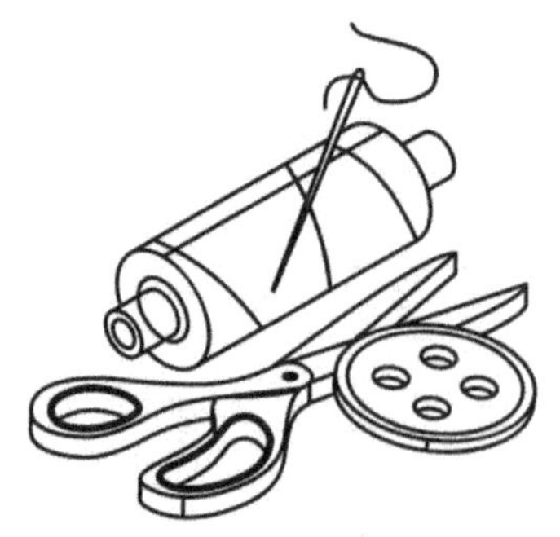

Tendances

Inspiration

Tissus

Notes

Détails

Échantillons

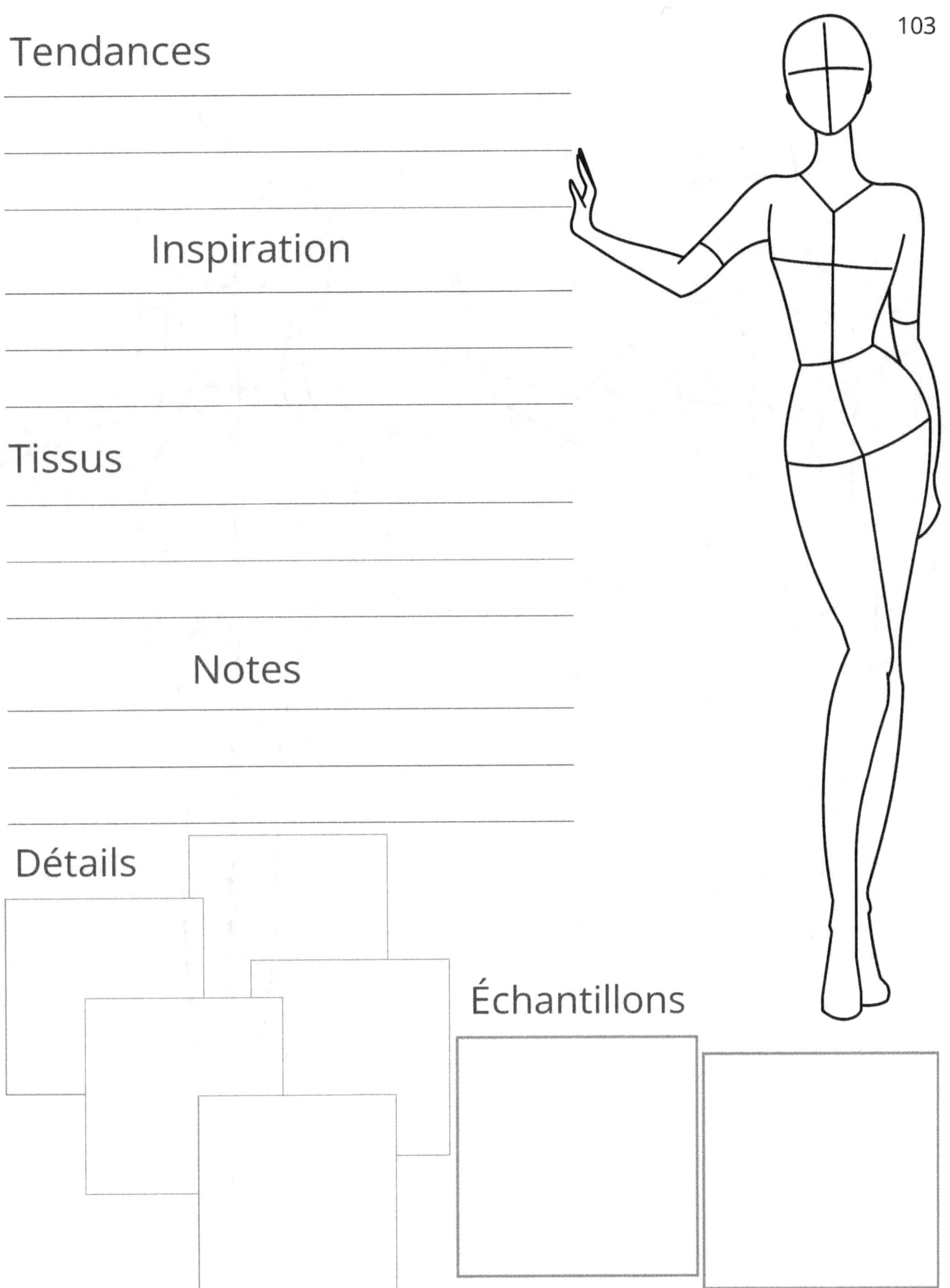

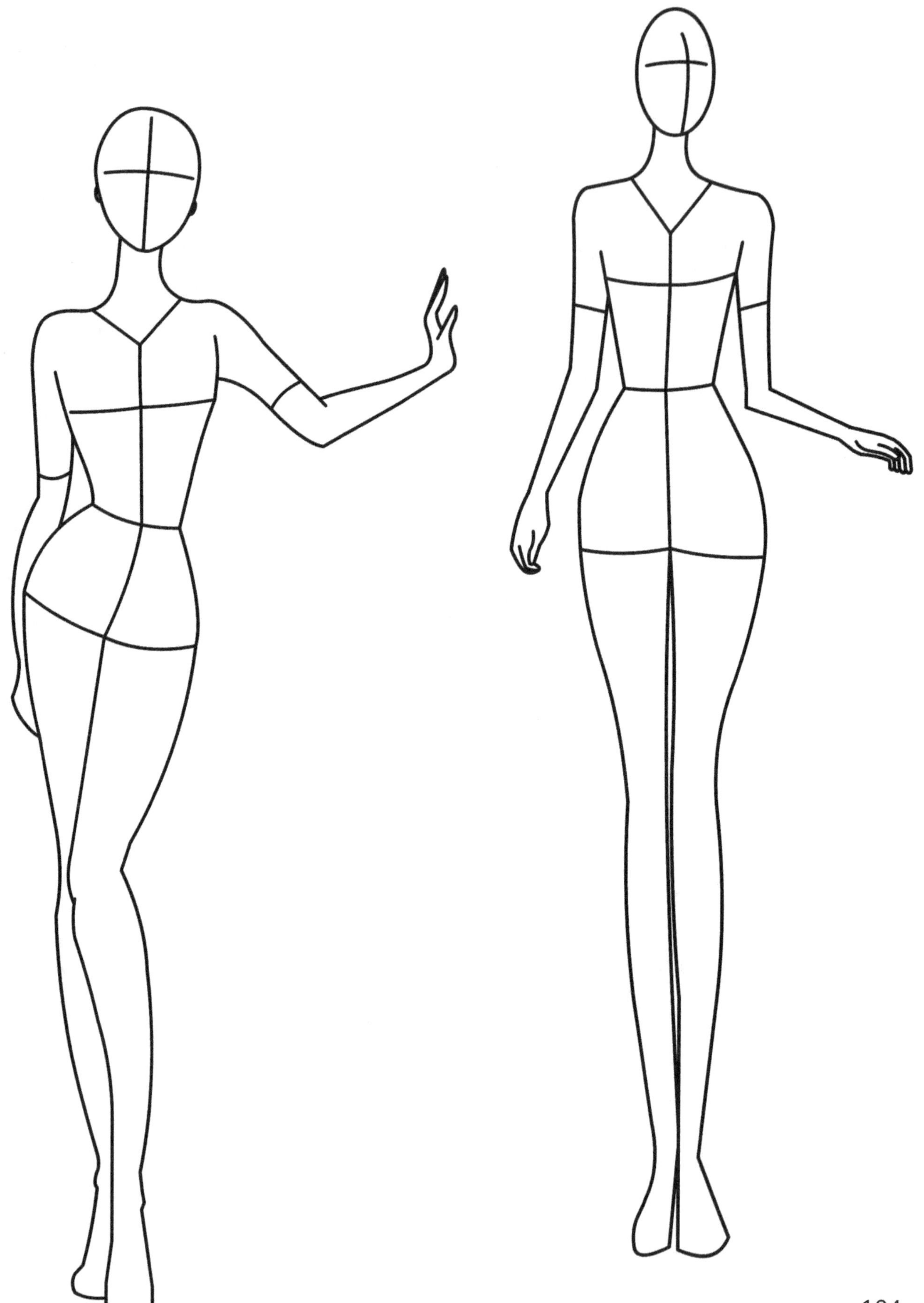

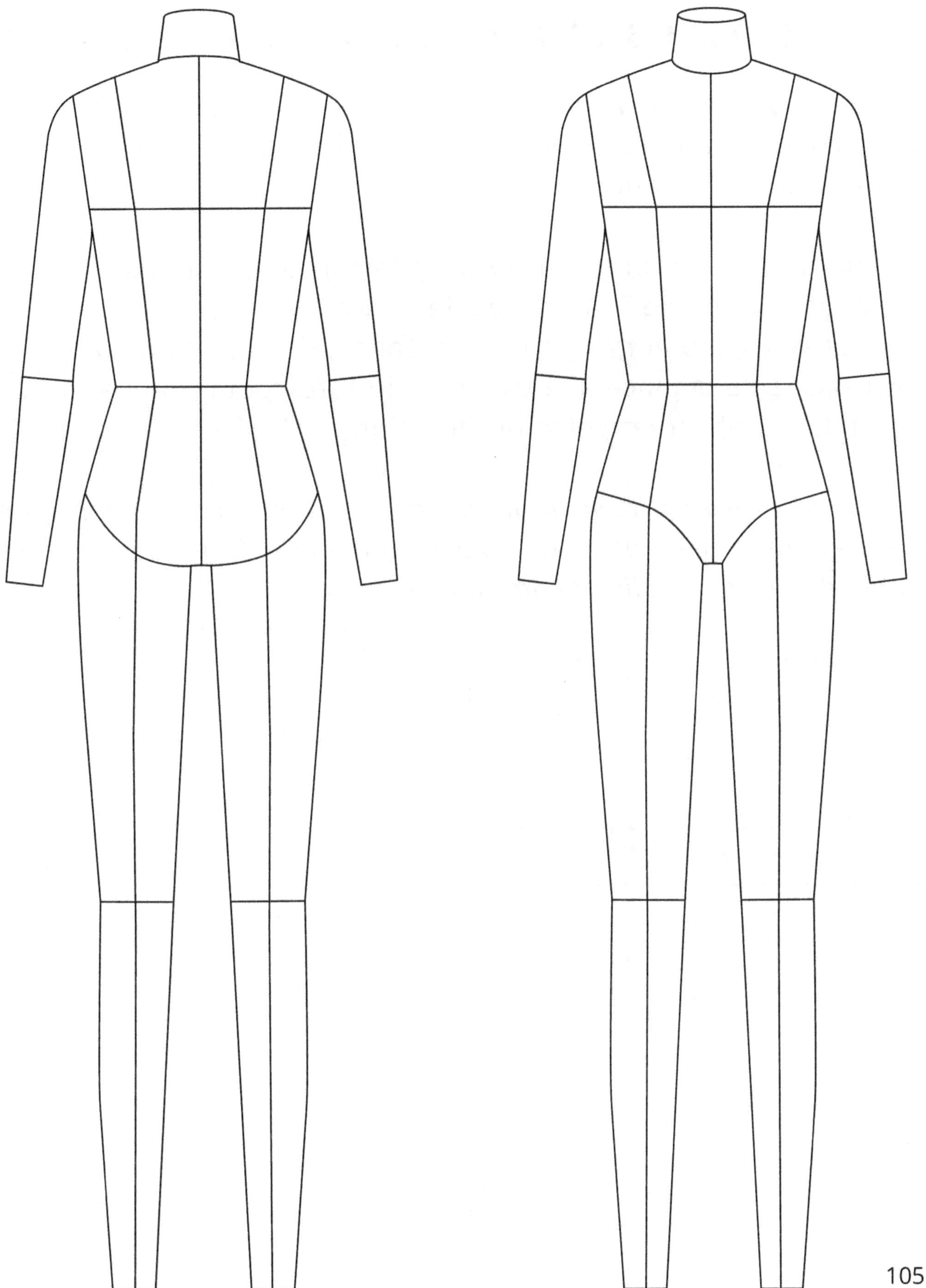

Vos notes et photos d'inspiration

Cette page est votre galerie créative. Utilisez-la pour suivre vos progrès, capturer vos idées préférées, et réfléchir à votre évolution de créateur.

- Ajoutez des croquis, photos d'inspiration ou découpages pour donner vie à vos idées de mode.
- Notez les couleurs, tissus ou détails qui vous ont inspiré.
- Laissez de la place à votre vous du futur pour comparer vos styles et observer votre progression.

Astuce de pro : *Une seule image ou un simple échantillon peut inspirer toute une collection. N'ayez pas peur de garder les plus petits détails qui éveillent votre imagination.*

Inspiration tenue : Office Chic et Glamour de défilé

Style de bureau actuel et vedette futuriste

Inspiration Office Chic

Adapter subtilement les tendances aux tenues de bureau maintient la modernité du vestiaire. Pantalons à jambes larges, pastels doux ou blazers oversize restent professionnels lorsqu'ils sont équilibrés par des tons neutres. Des sacs structurés et des mocassins modernes ancrent le look dans la réalité.

Inspiration Runway Glam

Une pièce futuriste attire tous les regards. Robes à détails lumineux, tissus réfléchissants, silhouettes sculpturales - tout repousse les limites de la mode. Des créations pensées pour impressionner et inspirer.

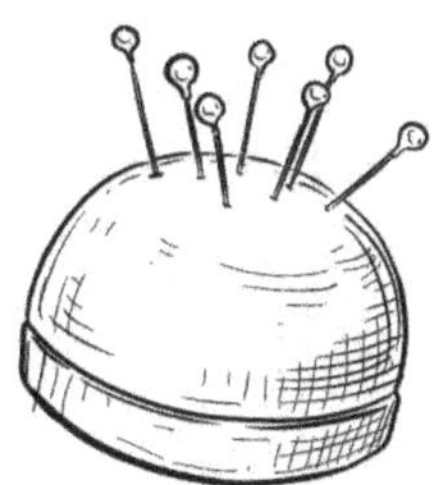

Guide de pratique et notes de mode

Parfois, moins, c'est plus. Utilisez cette page pour tester le minimalisme : lignes pures, peu de détails, accent sur la silhouette.

Comment utiliser cette page :

- Croquez une tenue avec trois éléments maximum.
- Concentrez-vous sur la proportion et les espaces vides.
- Notez comment la simplicité change l'atmosphère.

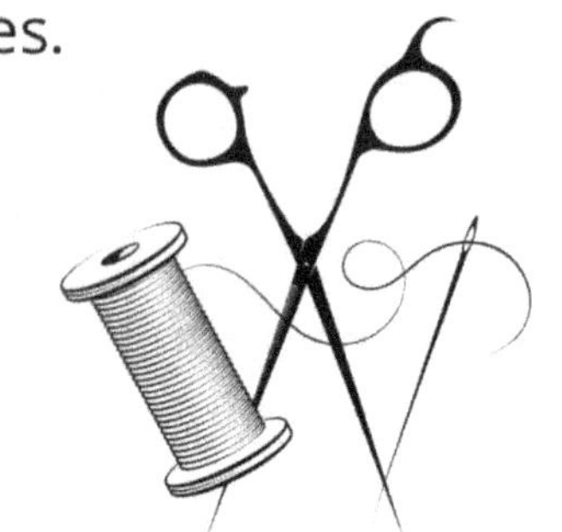

Réflexion et notes :

- La simplicité a-t-elle renforcé mon design ?
- Quel détail a le plus d'impact ?
- Que garder ou retirer la prochaine fois ?

Astuce de pro : *Le minimalisme peut en dire plus que l'excès.*

Inspiration tenue : Streetwear

Accessoires streetwear percutants

Les accessoires définissent souvent le streetwear. Bobs, lunettes oversize, chaînes épaisses, bananes et bonnets sont les touches finales qui rendent une tenue inoubliable.

Défi croquis : créez une base simple, puis ajoutez 2 ou 3 accessoires audacieux. Observez comment ces éléments transforment une tenue minimaliste en look complet.

Astuce de pro : Les accessoires sont la façon la plus rapide d'expérimenter les tendances sans changer toute la tenue.

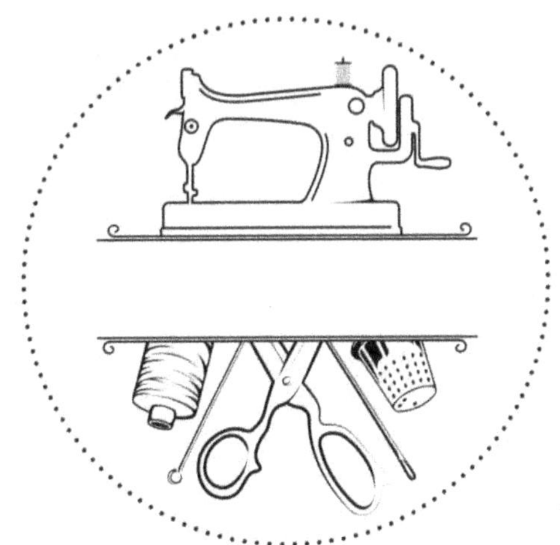

Tendances

Inspiration

Tissus

Notes

Détails

Échantillons

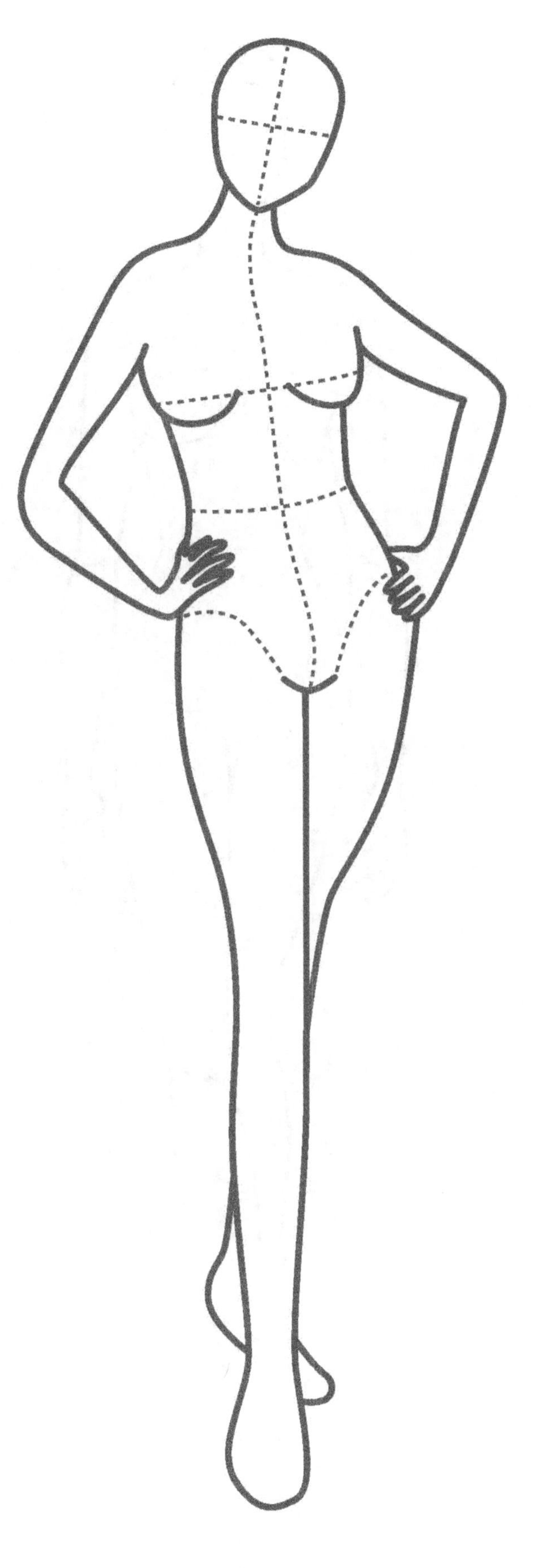
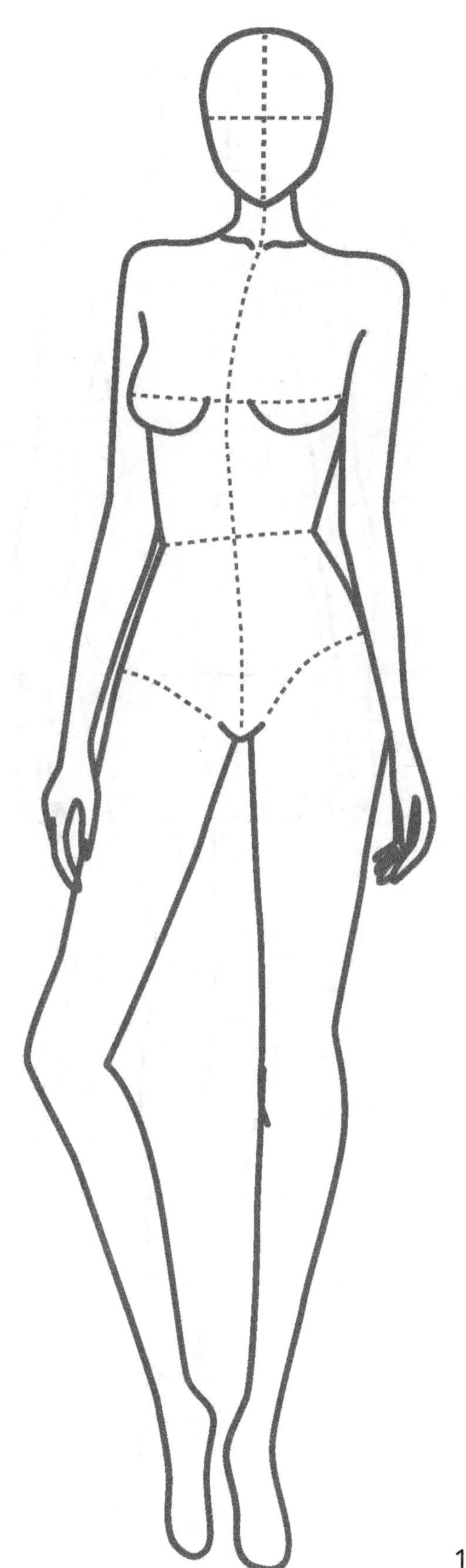

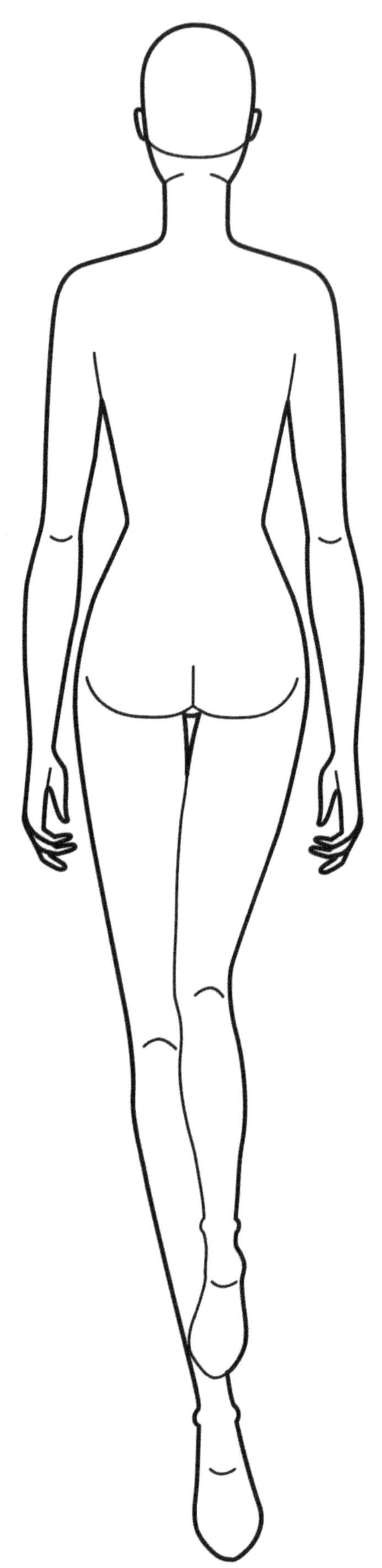
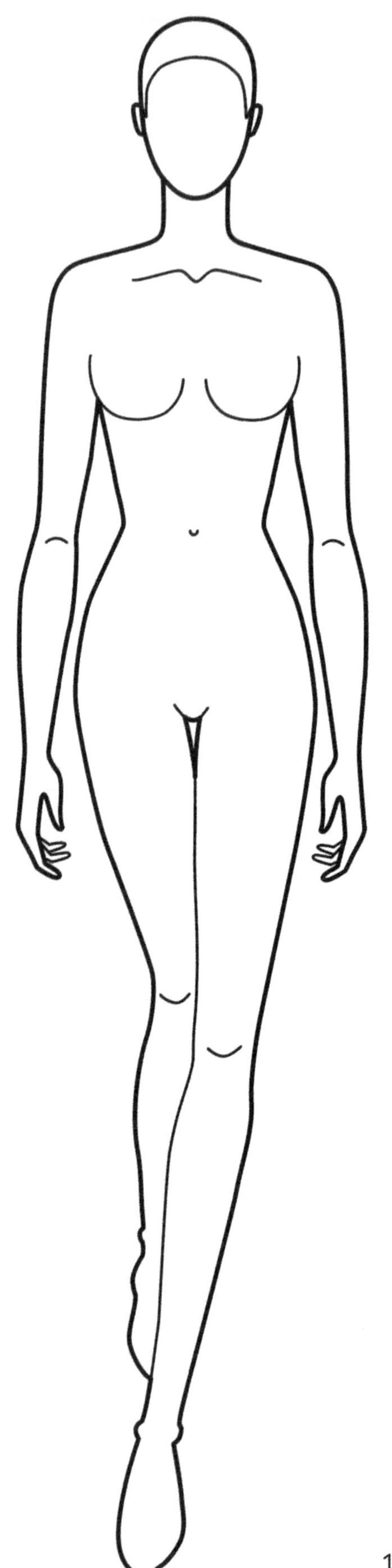

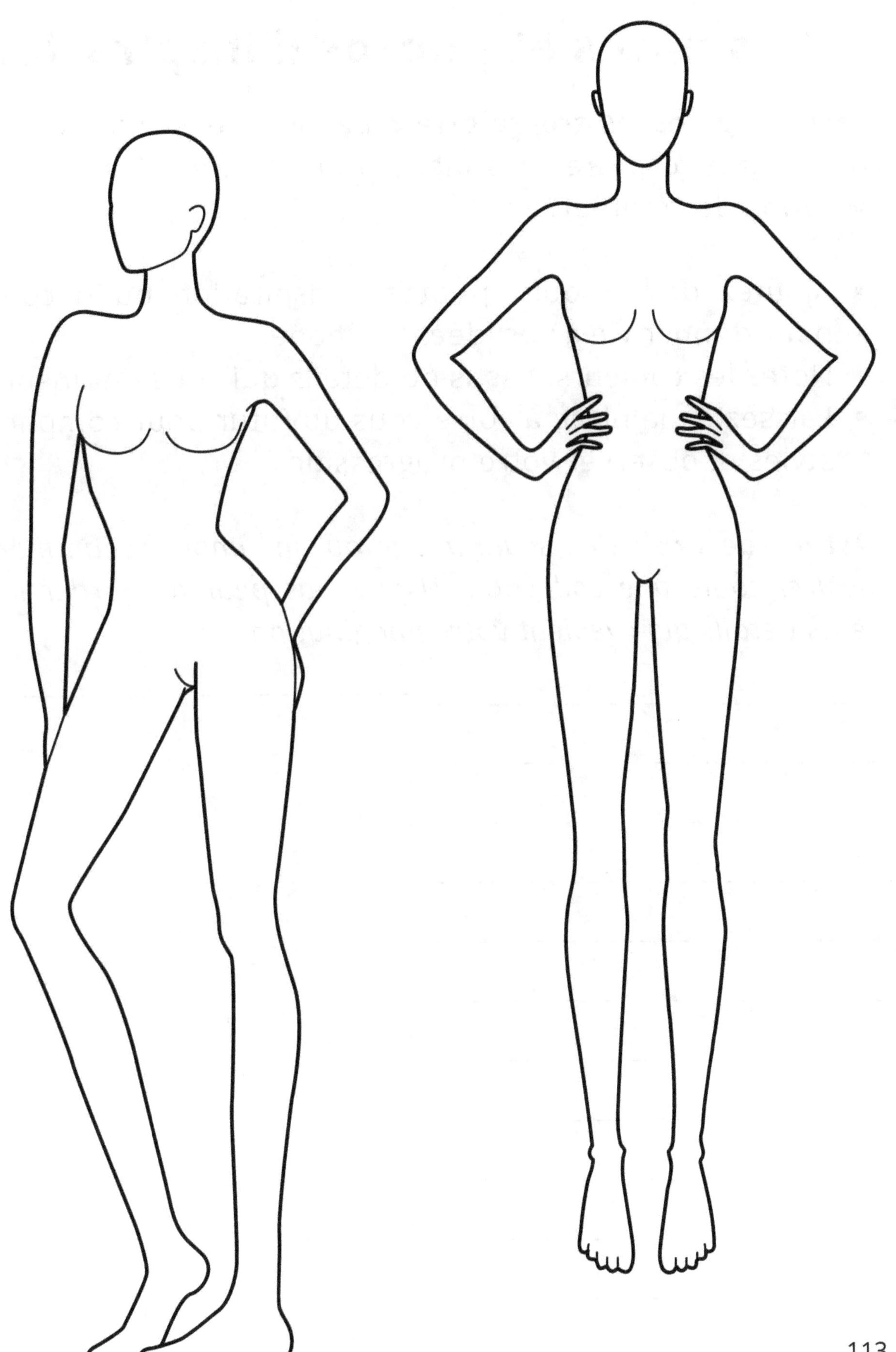

Vos notes et photos d'inspiration

Cette page est votre galerie créative. Utilisez-la pour suivre vos progrès, capturer vos idées préférées, et réfléchir à votre évolution de créateur.

- Ajoutez des croquis, photos d'inspiration ou découpages pour donner vie à vos idées de mode.
- Notez les couleurs, tissus ou détails qui vous ont inspiré.
- Laissez de la place à votre vous du futur pour comparer vos styles et observer votre progression.

Astuce de pro : *Une seule image ou un simple échantillon peut inspirer toute une collection. N'ayez pas peur de garder les plus petits détails qui éveillent votre imagination.*

Inspiration tenue :
Office Chic et Glamour de défilé

Superpositions de bureau et classique du tapis rouge

Inspiration Office Chic

La superposition transforme les basiques du bureau en ensembles élégants et complexes. Portez un col roulé sous une robe sans manches, ou une blouse sous une combinaison structurée. Écharpes, ceintures et blazers ajoutent de la profondeur sans perdre en professionnalisme. C'est à la fois pratique et chic.

Inspiration Runway Glam

Le glamour classique du tapis rouge reste intemporel : robes longues, velours riche ou satin fluide, drapés élégants. Complétez avec des talons hauts, chignons lissés et bijoux étincelants. Ce style traverse les époques avec grâce et sophistication.

Guide de pratique et notes de mode

Cette page est dédiée à la réflexion et à la célébration. Regardez vos anciens croquis et constatez le chemin parcouru. Utilisez cet espace pour résumer vos apprentissages et fixer votre prochain objectif.

Comment utiliser cette page :

- Résumez ce que vous avez appris jusqu'ici.
- Croquez un design qui représente vos progrès.
- Écrivez ce que vous souhaitez explorer ensuite.

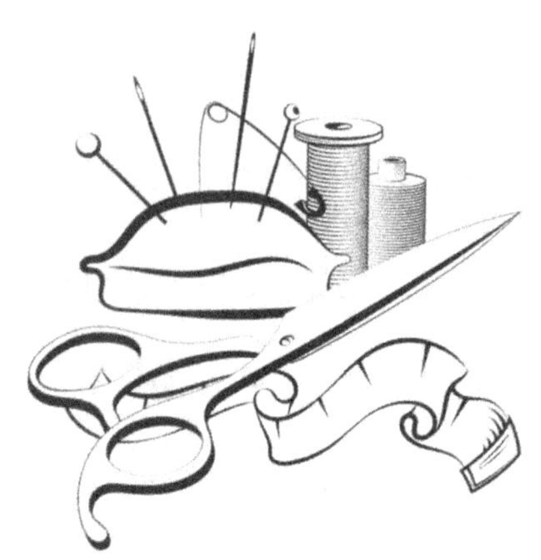

Réflexion et notes :

- Quelle est ma plus grande amélioration ?
- Quelle technique ai-je envie de maîtriser ?
- Quel sera mon prochain défi créatif ?

Astuce de pro : *Chaque page est une preuve de votre évolution - soyez fier·ère de votre parcours.*

Inspiration tenue : Streetwear

Le streetwear comme expression de soi

Au fond, le streetwear parle d'identité personnelle. Il ne s'agit pas de copier les tendances, mais de mixer les éléments pour raconter votre propre histoire. Qu'il soit oversize, coloré, minimaliste ou sportif, l'authenticité est la clé.

Exercice de croquis : Imaginez une tenue qui vous ressemble. Pensez à vos couleurs, coupes ou influences culturelles préférées. Ajoutez des détails uniques - écussons, imprimés, logo personnel.

Réflexion finale : Le streetwear n'est pas seulement une tenue - c'est une attitude. La confiance est le meilleur accessoire que vous puissiez porter.

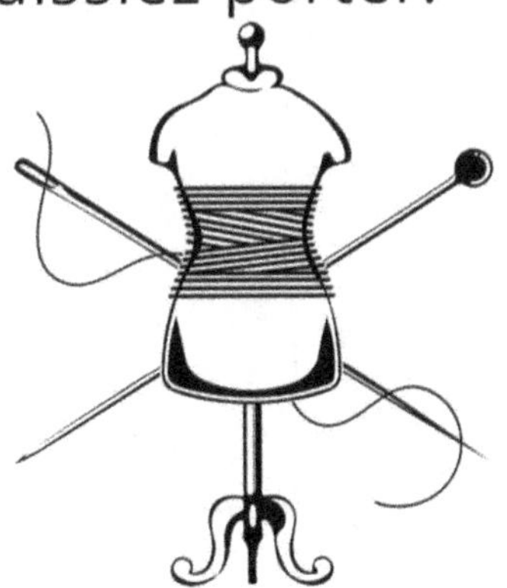

Tendances

Inspiration

Tissus

Notes

Détails

Échantillons

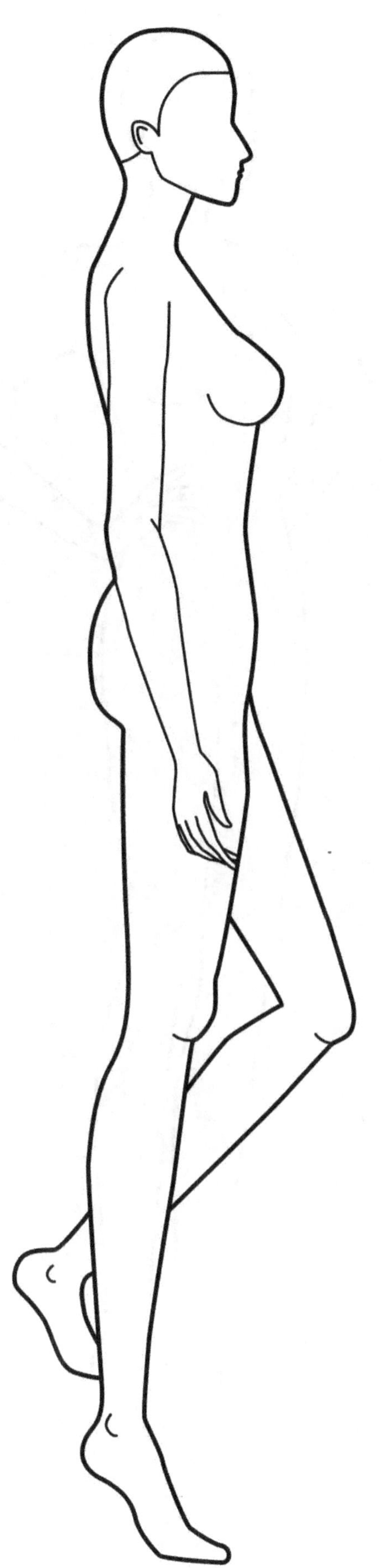
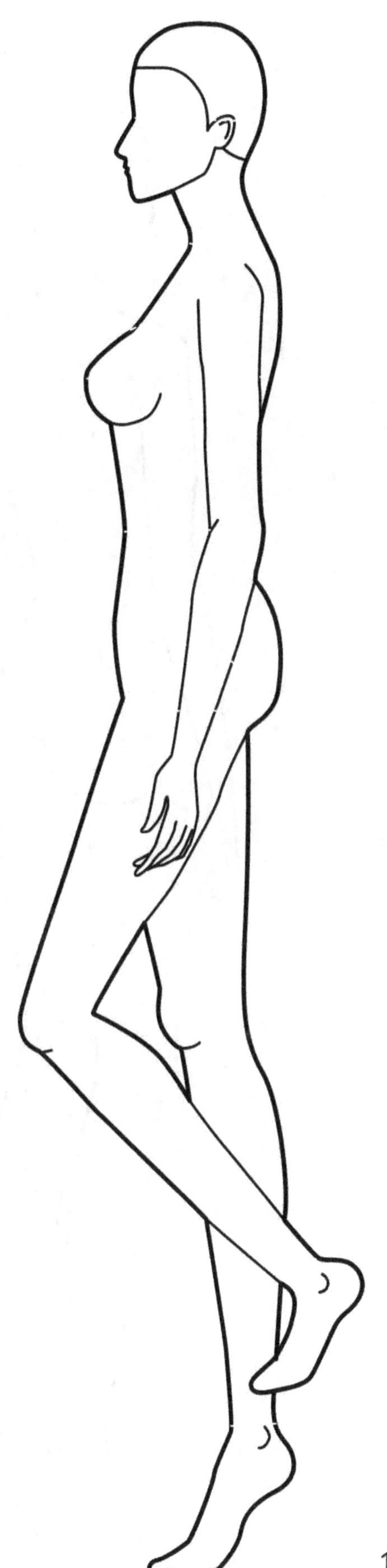

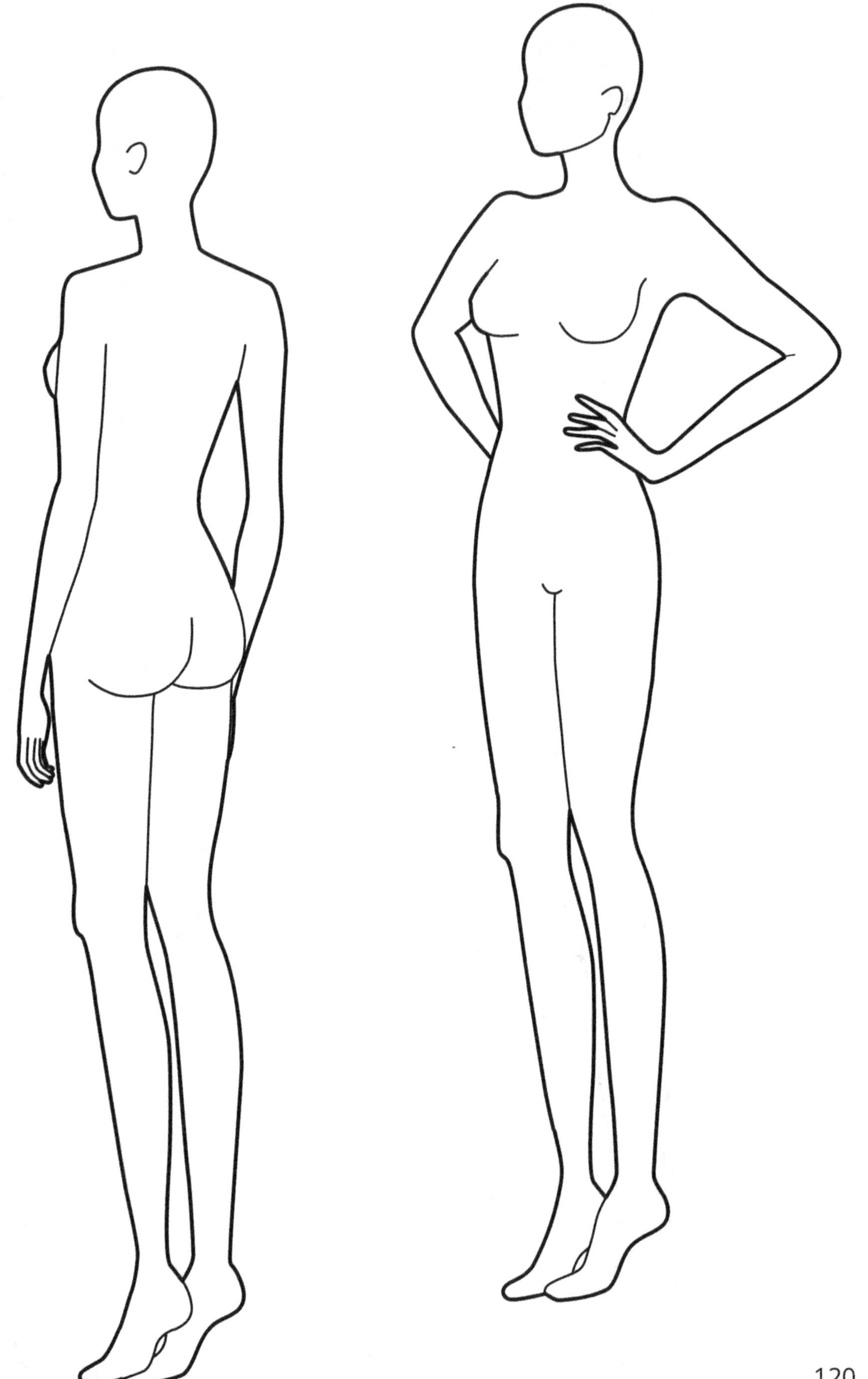

Vos notes et photos d'inspiration

Cette page est votre galerie créative. Utilisez-la pour suivre vos progrès, capturer vos idées préférées, et réfléchir à votre évolution de créateur.

- Ajoutez des croquis, photos d'inspiration ou découpages pour donner vie à vos idées de mode.
- Notez les couleurs, tissus ou détails qui vous ont inspiré.
- Laissez de la place à votre vous du futur pour comparer vos styles et observer votre progression.

Astuce de pro : *Une seule image ou un simple échantillon peut inspirer toute une collection. N'ayez pas peur de garder les plus petits détails qui éveillent votre imagination.*

Inspiration tenue :
Office Chic et Glamour de défilé

Inspiration tenue : Office Chic et Glamour de défilé

Inspiration Office Chic

Certains jours, il faut affirmer sa présence. Un tailleur coloré - émeraude, bleu royal ou rouge vif - respire la confiance. Associez-le à une blouse neutre et à des chaussures discrètes pour laisser le costume briller. Parfait pour les présentations ou les réunions importantes.

Inspiration Runway Glam

Le glamour avant-gardiste bouscule les traditions. Pensez à des formes exagérées, des volumes superposés, ou des textures expérimentales. Des robes qui mêlent tissus inédits, coupes asymétriques et accessoires surdimensionnés. Ces créations visent à éblouir tout en faisant réfléchir.

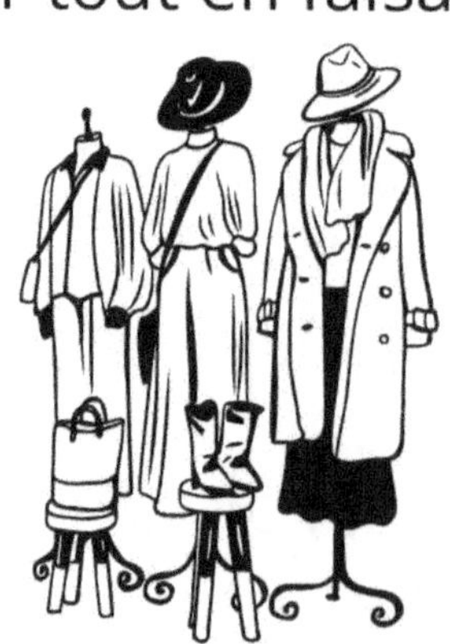

Tendances

Inspiration

Tissus

Notes

Détails

Échantillons

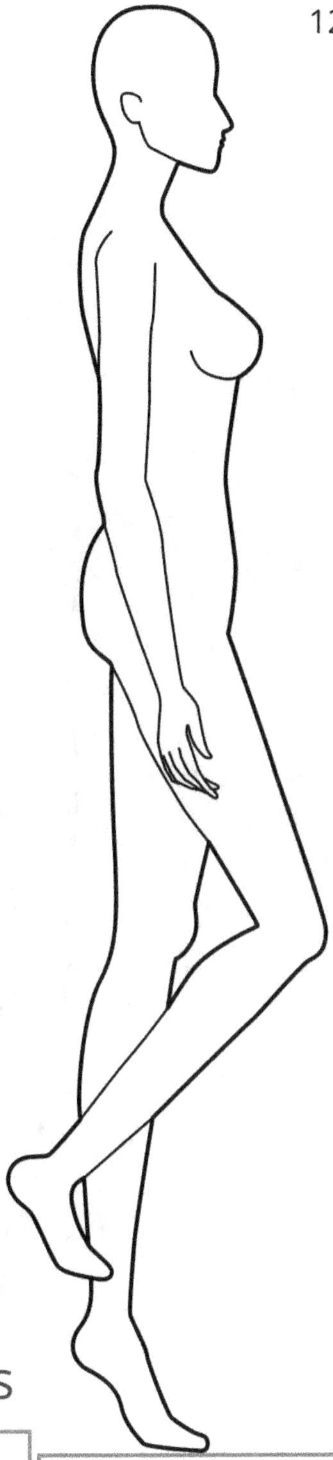

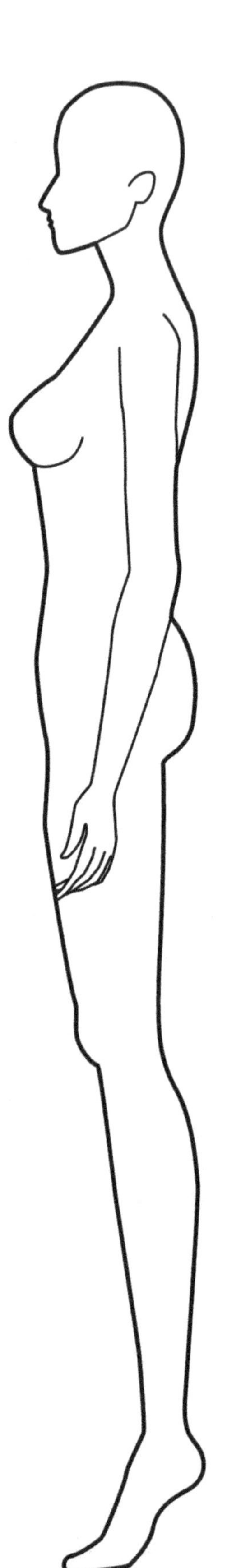
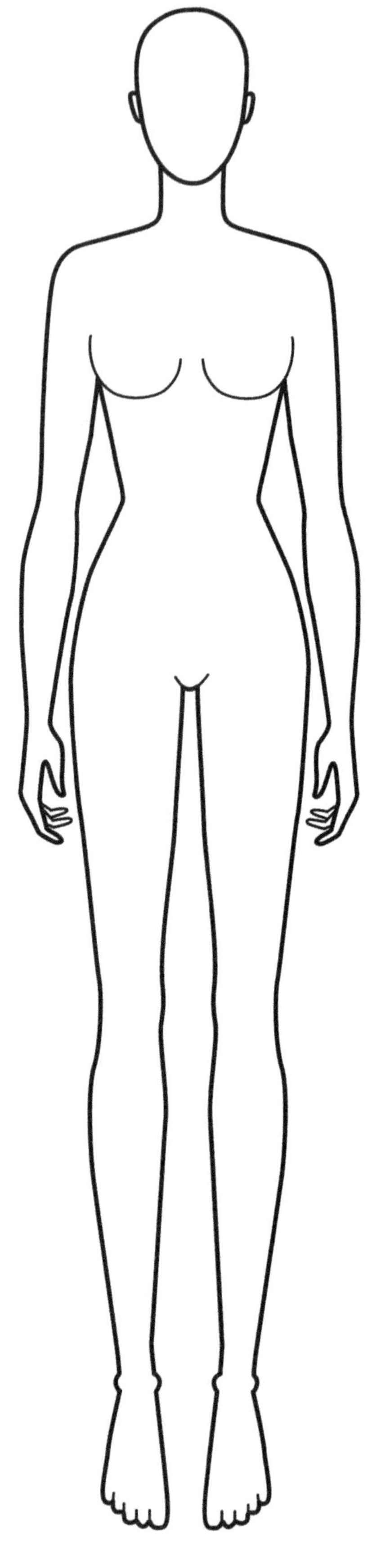

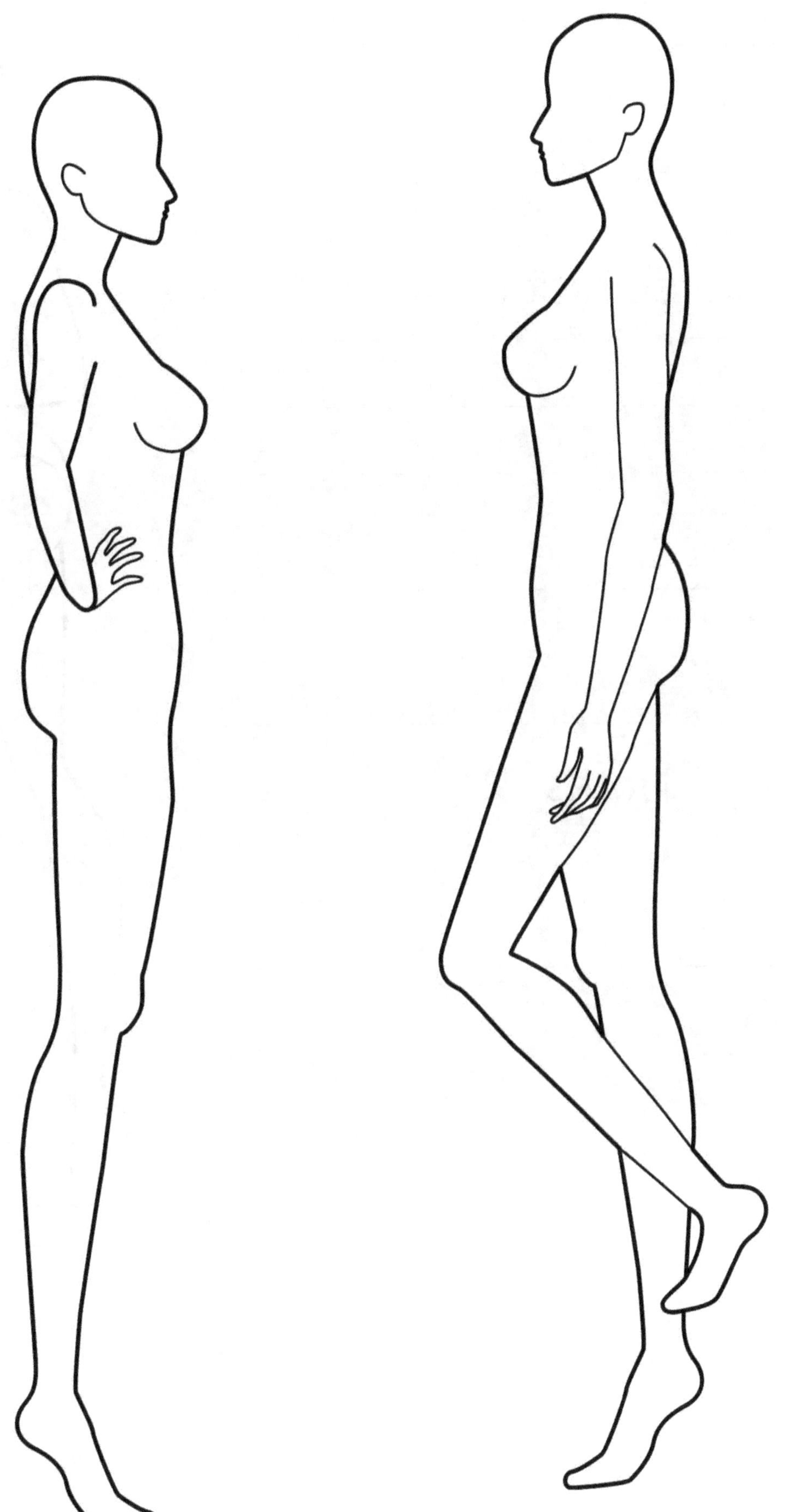

Tendances

Inspiration

Tissus

Notes

Détails

Échantillons

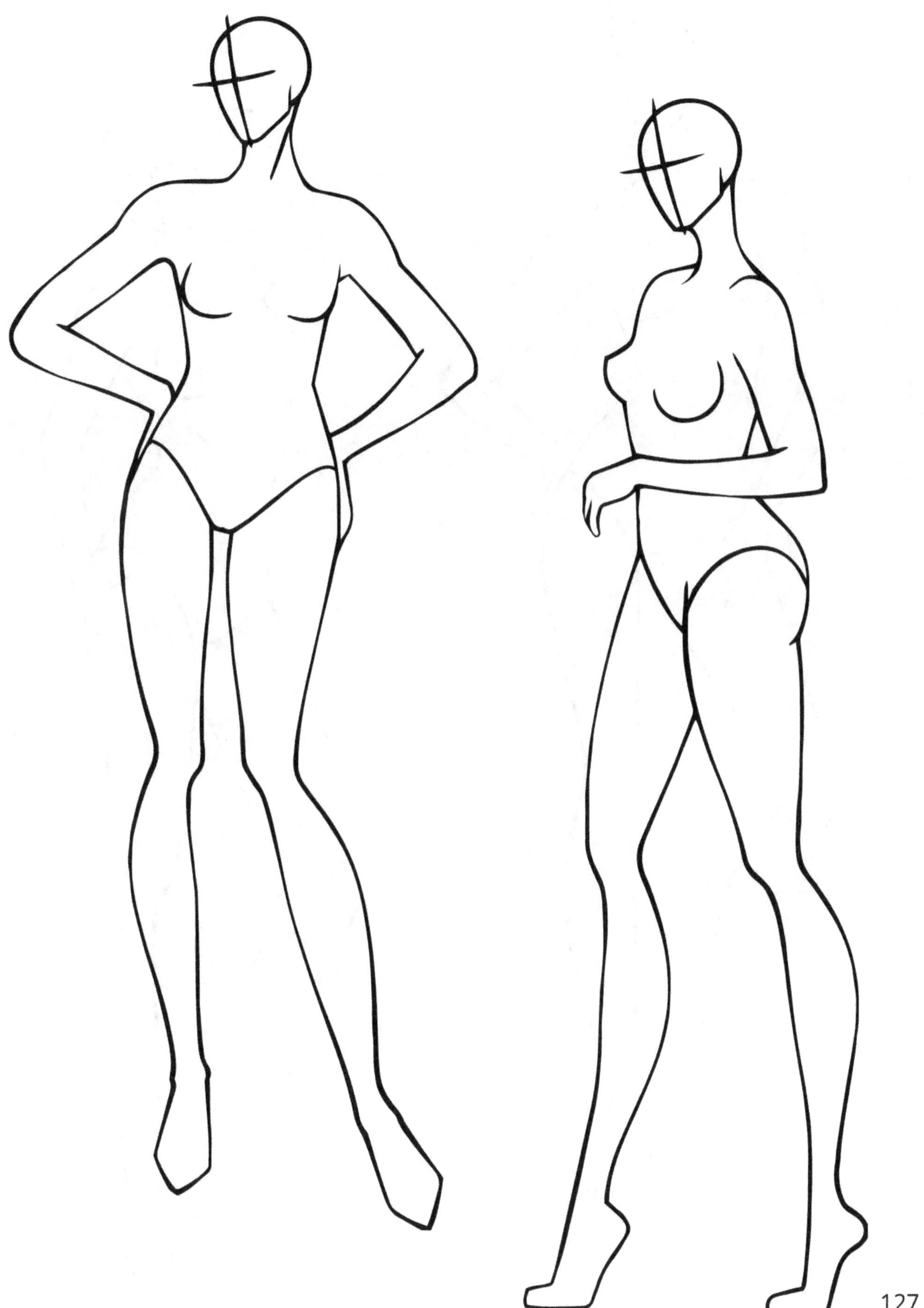

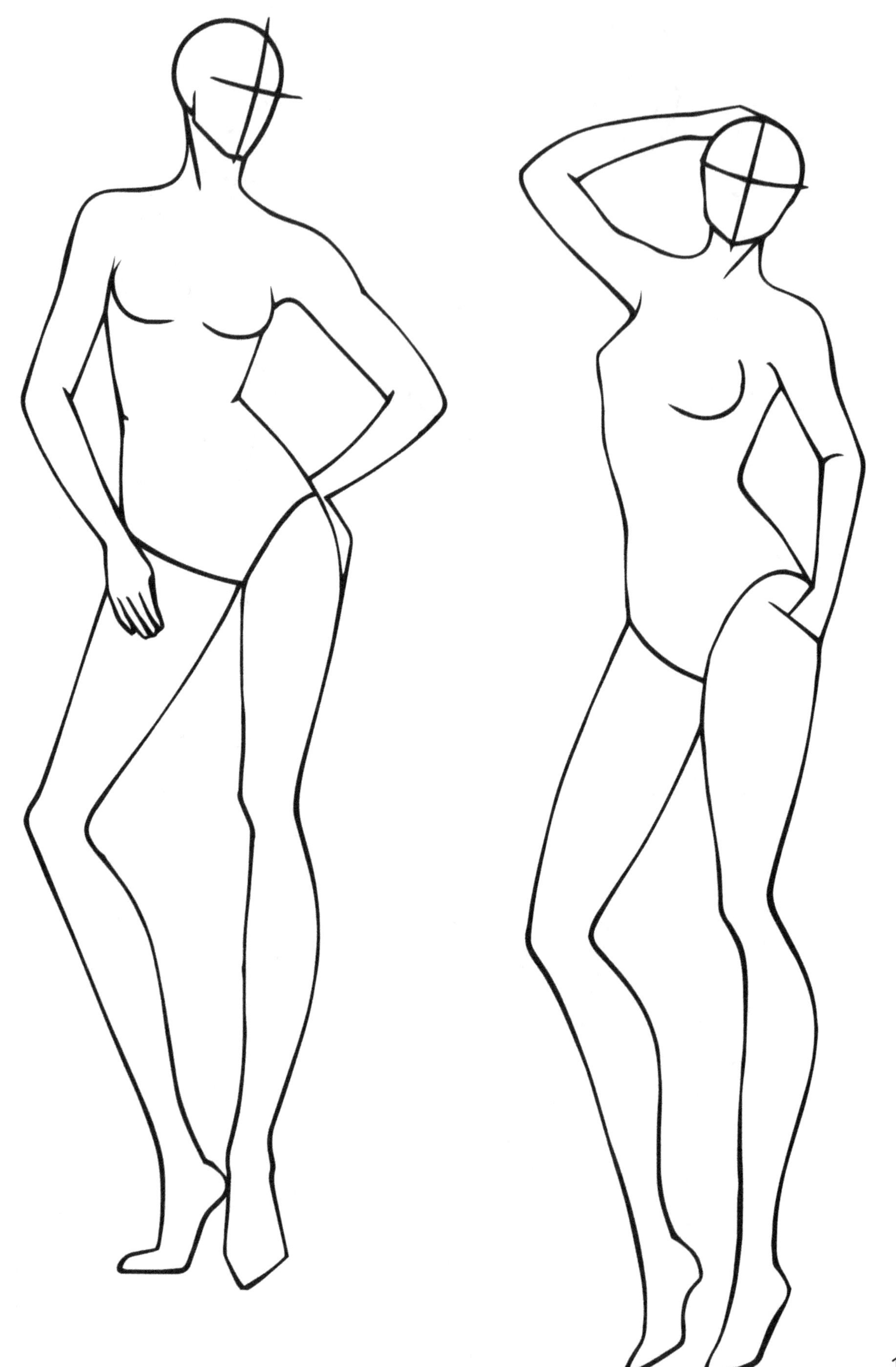

Tendances

Inspiration

Tissus

Notes

Détails

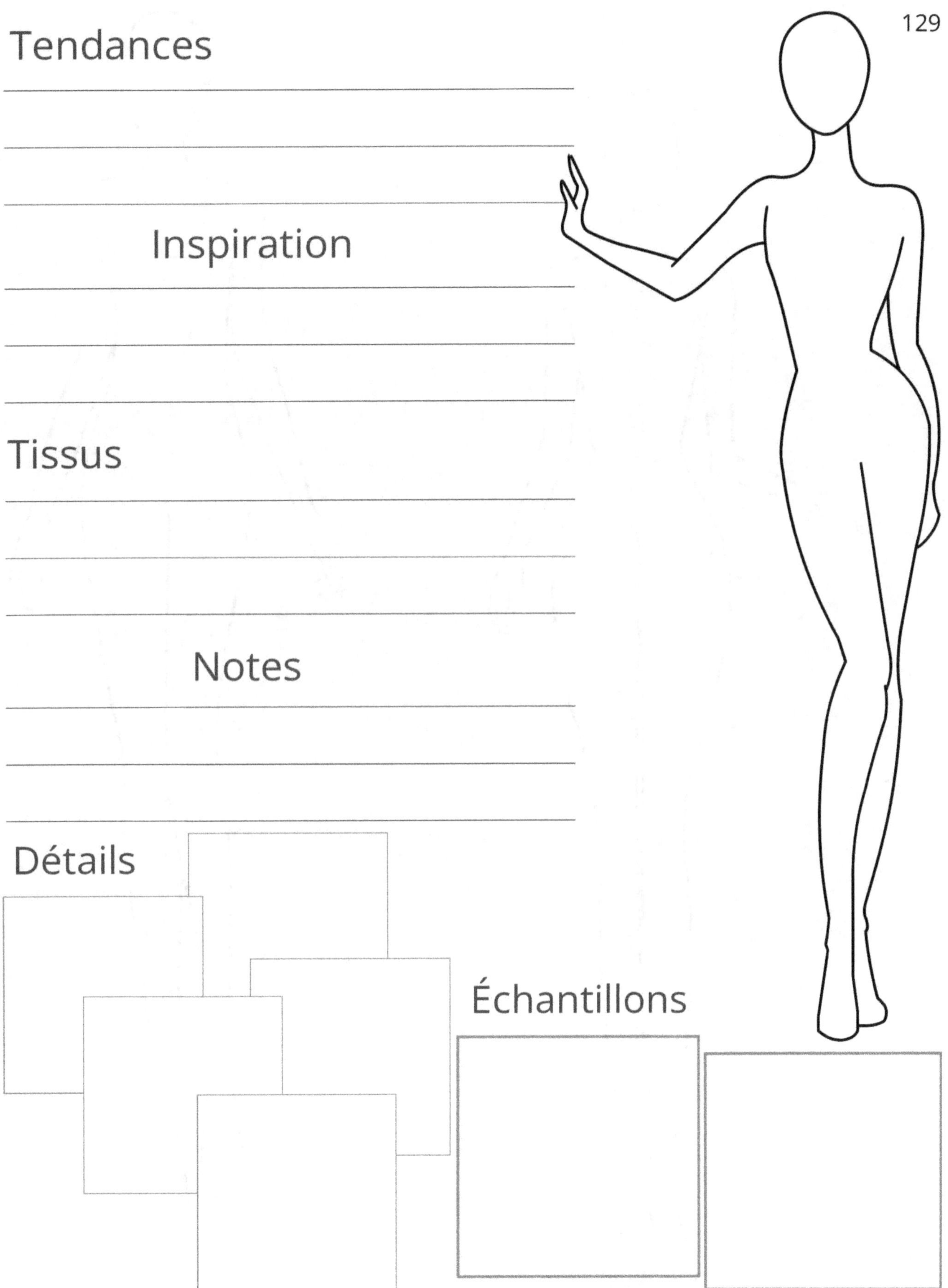

Échantillons

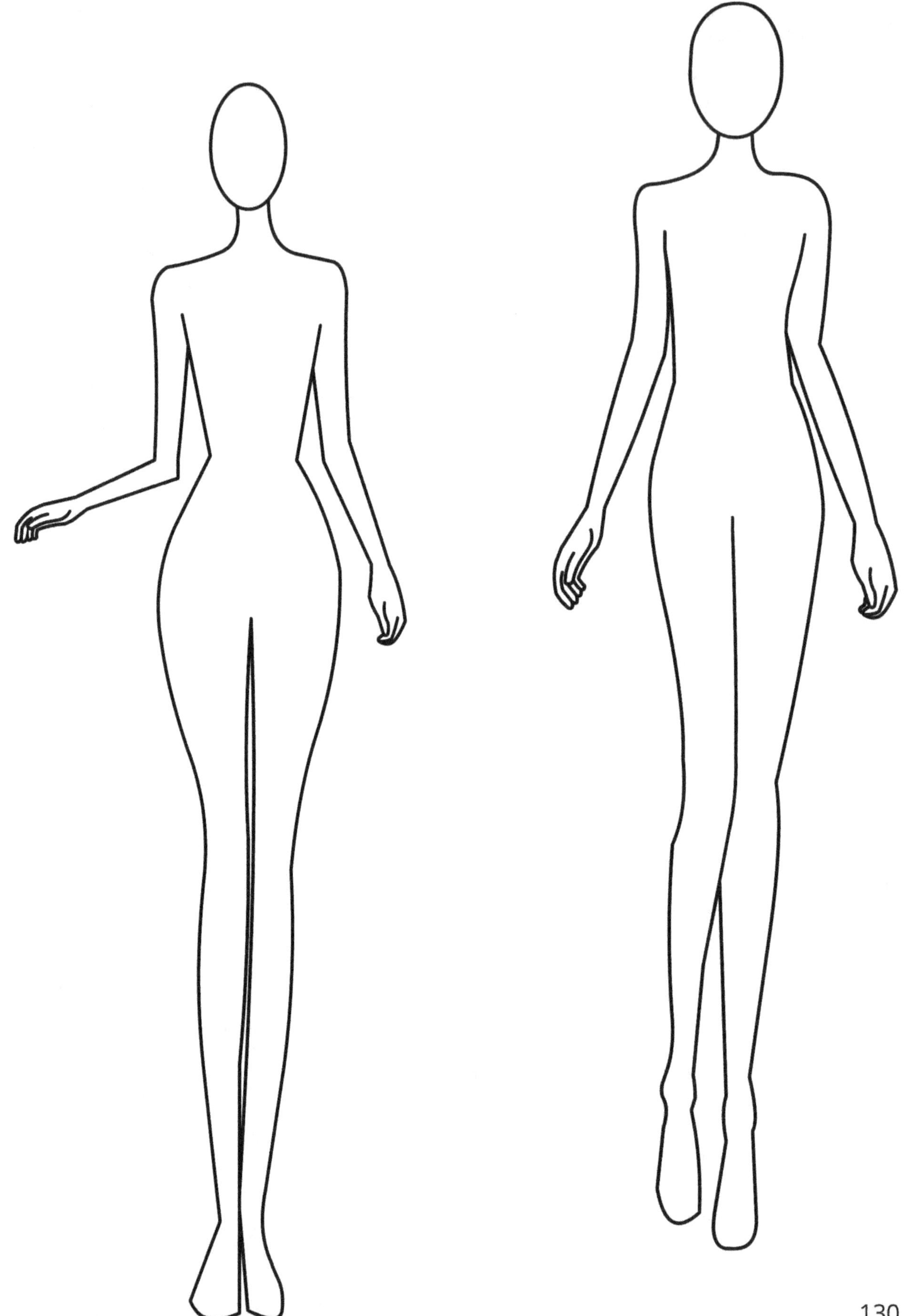

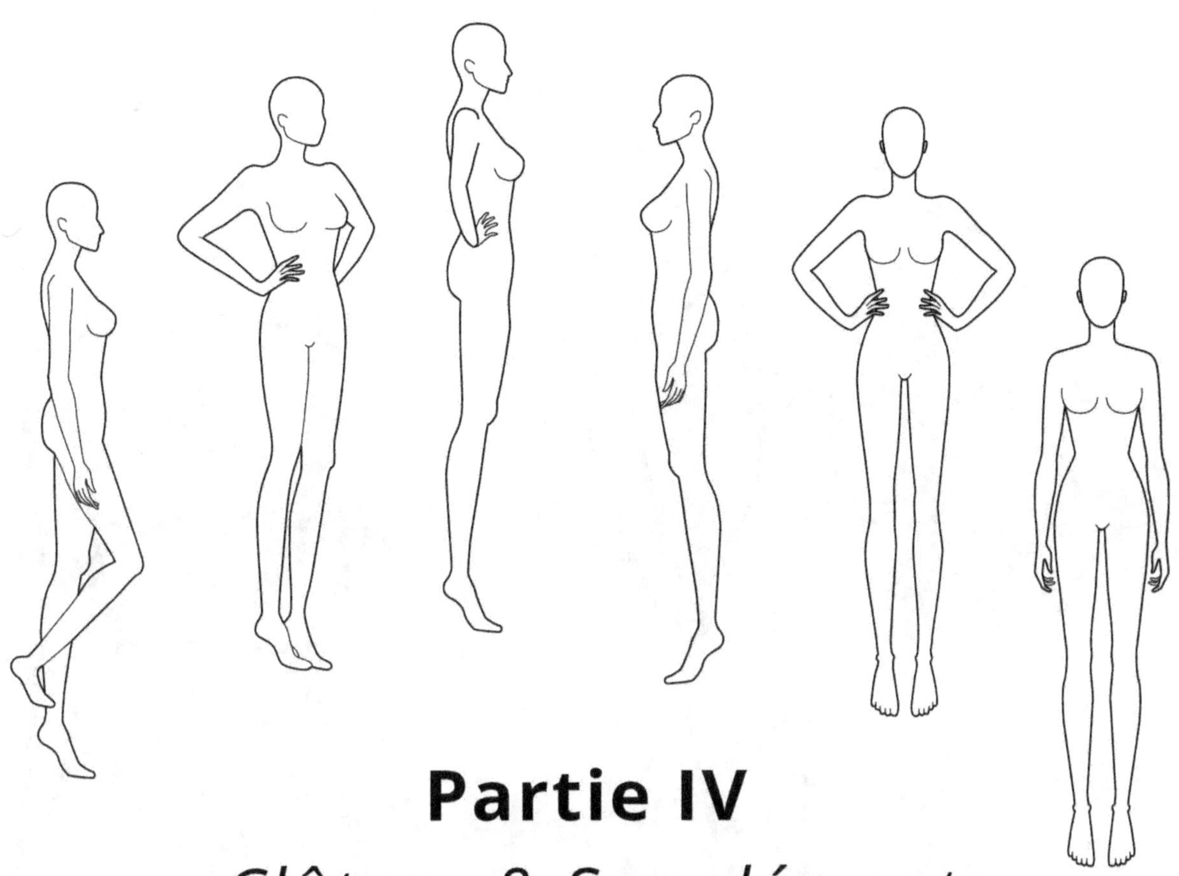

Partie IV
- Clôture & Suppléments

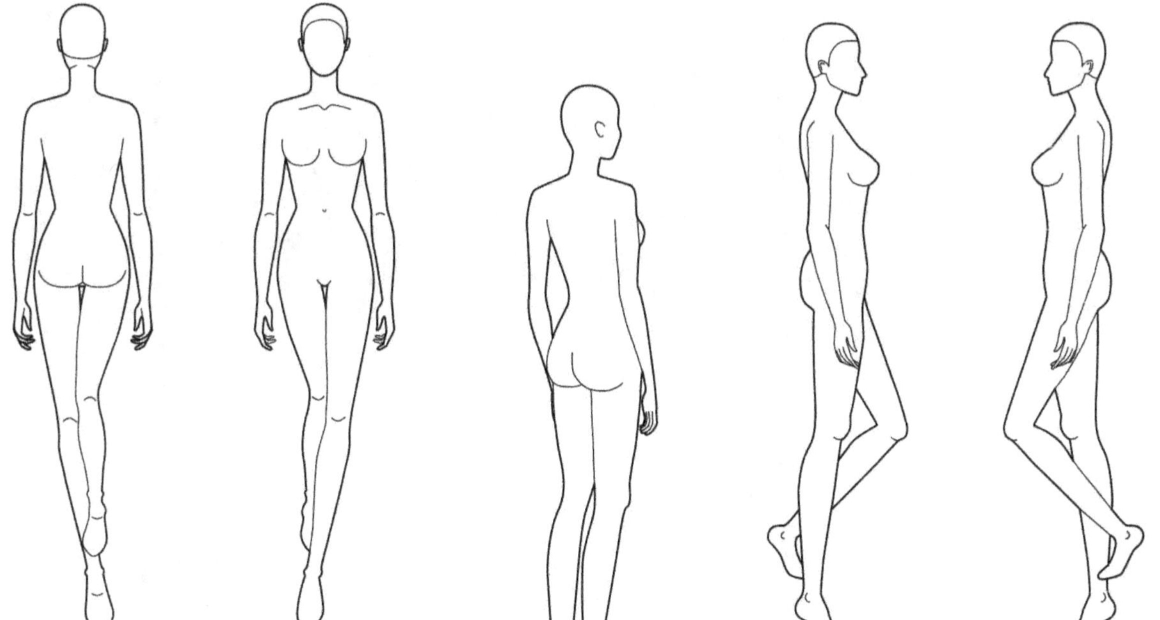

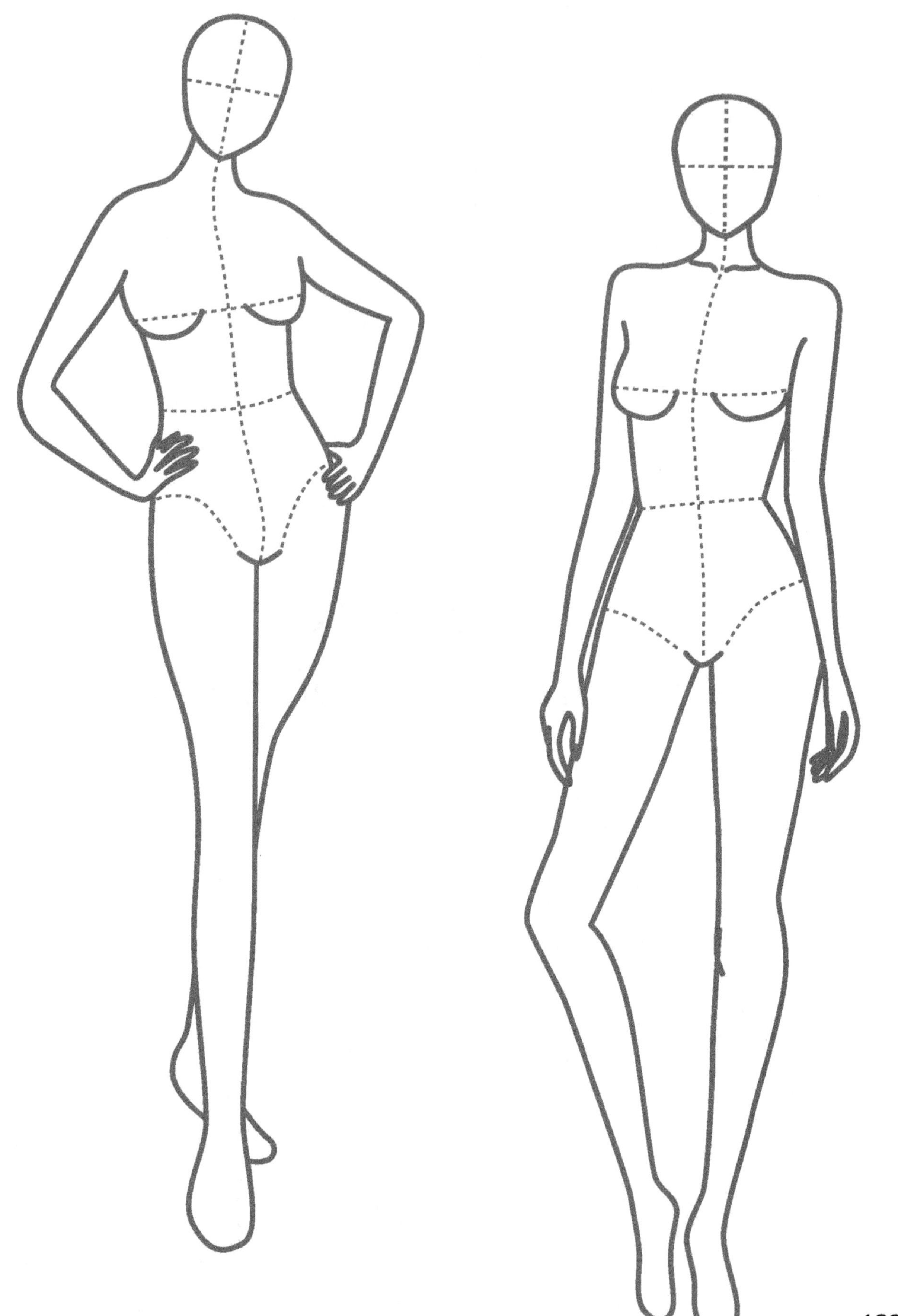

Réinventer une silhouette classique

Choisissez une silhouette intemporelle (comme la jupe crayon, le trench ou la petite robe noire) et réinventez-la de trois façons. Jouez sur les tissus, les couleurs et les détails pour moderniser la pièce. Ajoutez de l'asymétrie, de la texture ou combinez des éléments inattendus. Cet exercice aide à briser les règles tout en conservant une base solide.

Questions guidées :
- Quelle silhouette classique avez-vous choisie ?
- Quels changements la rendent plus actuelle ?
- Comment décririez-vous votre création en un mot ?

Astuce de pro : « *L'innovation commence par de petites transformations sur des formes familières.* »

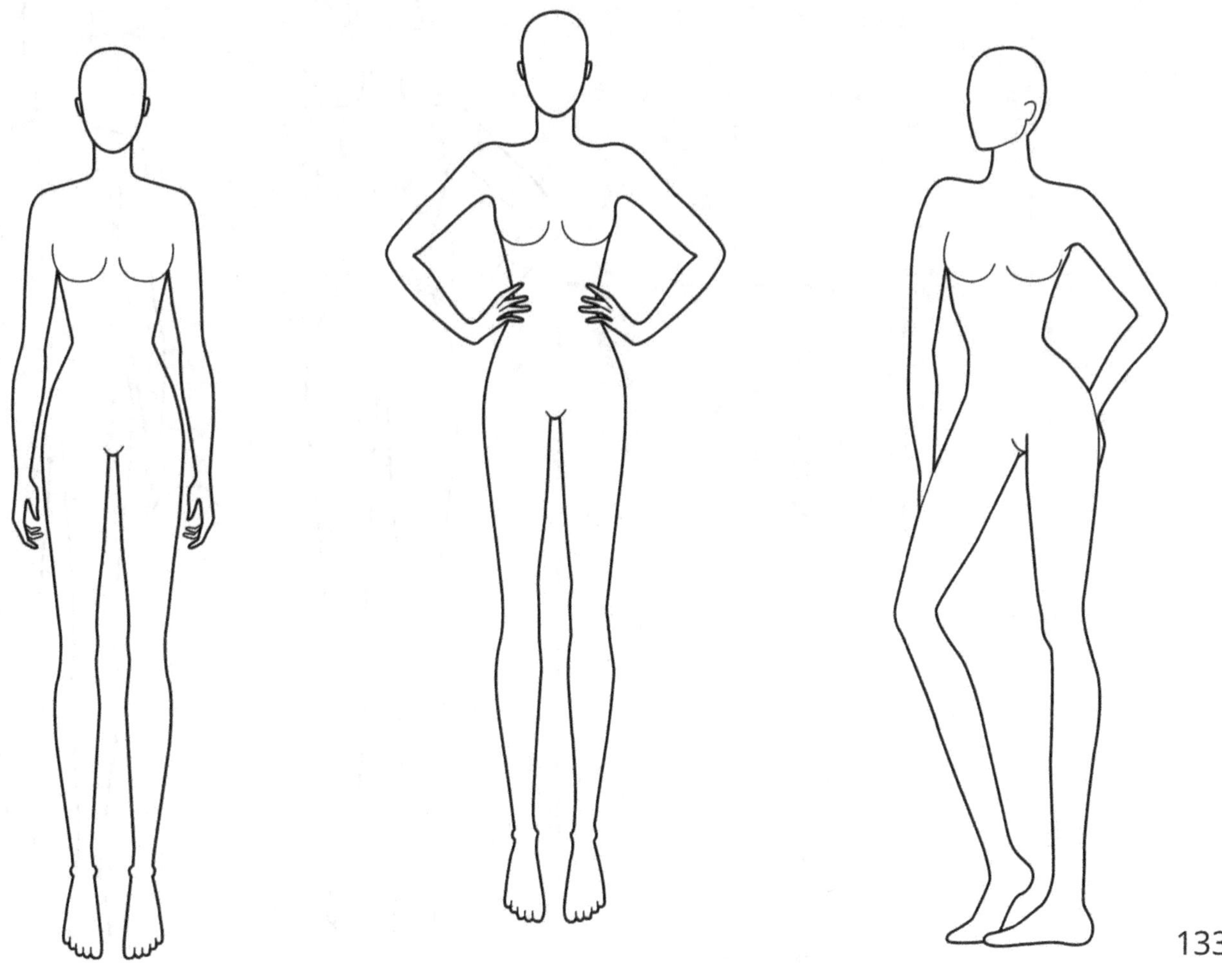

Défi garde-robe capsule

Concevez une garde-robe capsule de 5 pièces qui fonctionnent ensemble. Pensez à des hauts, bas et pièces de superposition combinables pour créer plusieurs tenues. Cet exercice développe la cohérence, la polyvalence et une identité stylistique claire.

Questions :

- Quel est le thème de style de votre capsule ? (ex. : minimal chic, bohème, edgy)
- Quelles couleurs ou matières dominent ?
- Comment les pièces se complètent-elles ?

Astuce de pro : *« Si chaque pièce s'accorde avec toutes les autres, le défi est relevé. »*

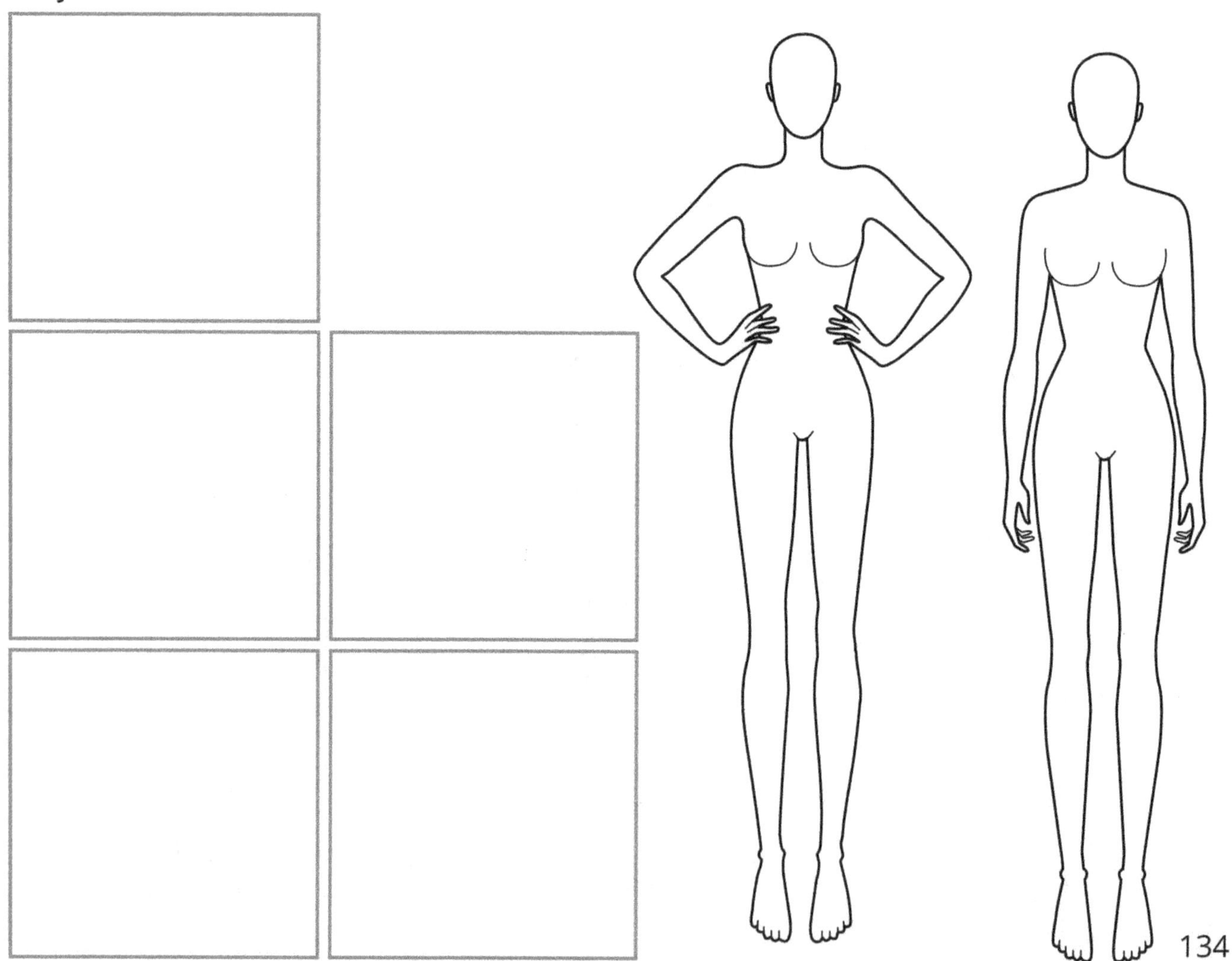

Inspiration saisonnière

 Choisissez une saison - printemps, été, automne ou hiver - et créez une tenue inspirée de ses couleurs, textures et ambiances. Allez au-delà des clichés : un hiver pastel, un été en tons terreux… Laissez la saison vous inspirer tout en affirmant votre touche personnelle.

Questions :
- Quelle saison a inspiré votre tenue ?
- Quelles couleurs ou textures la représentent ?
- En quoi ce design diffère-t-il des looks saisonniers typiques ?

Astuce de pro : *« Surprenez le regard en réinterprétant les attentes saisonnières. »*

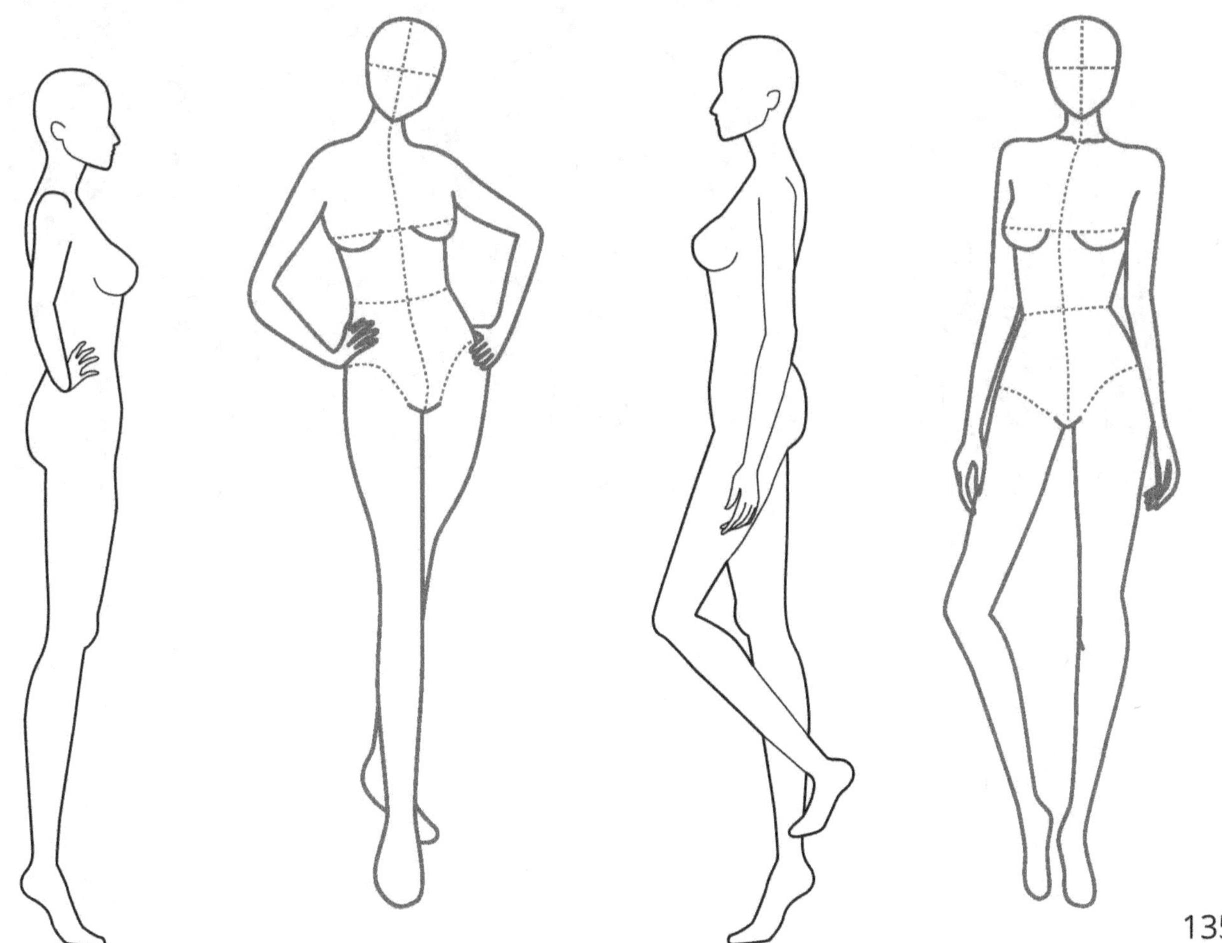

Transformation d'un t-shirt

 Prenez le vêtement le plus basique - un t-shirt uni - et réinventez-le. Modifiez les manches, l'encolure, ajoutez des imprimés ou transformez-le en robe.

Le défi : garder l'essence du t-shirt tout en le rendant unique.

Questions :

- Quelle est l'ambiance de votre nouveau t-shirt ?
- Quel élément avez-vous le plus transformé ?
- Où pourrait-on porter cette création ?

Astuce de pro : *« La simplicité est la toile idéale pour des idées audacieuses. »*

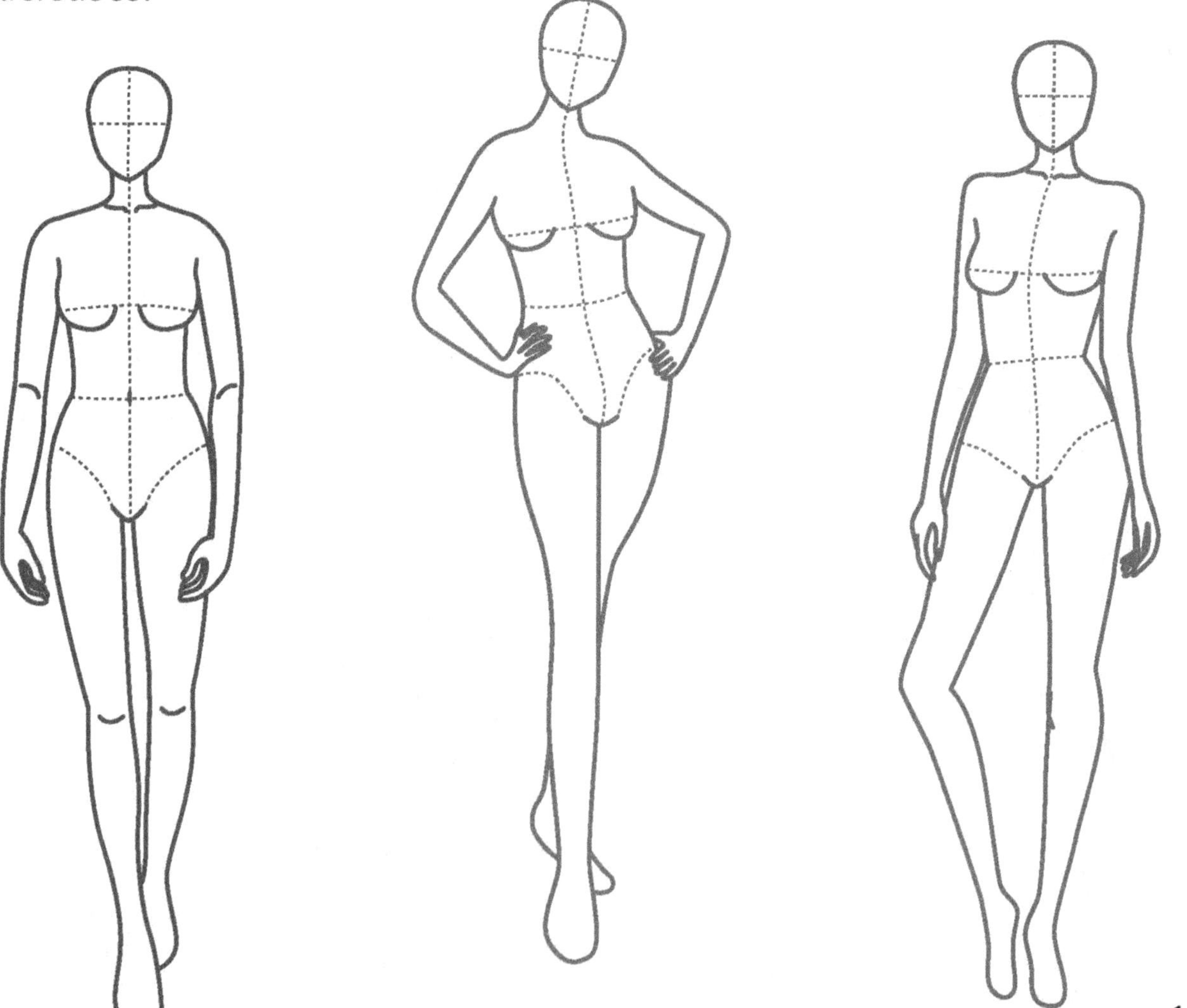

Mélangez les contraires

Combinez deux styles opposés - sportif & romantique, business & bohème, streetwear & luxe - et créez une tenue qui les fusionne. Cet exercice apprend à faire dialoguer les contrastes pour un résultat original.

Questions :
- Quels deux styles avez-vous choisis ?
- Quel est l'élément-pont qui les relie ?
- La tenue penche-t-elle vers un style ou équilibre-t-elle les deux ?

Astuce de pro *: « Les looks les plus mémorables naissent des contrastes. »*

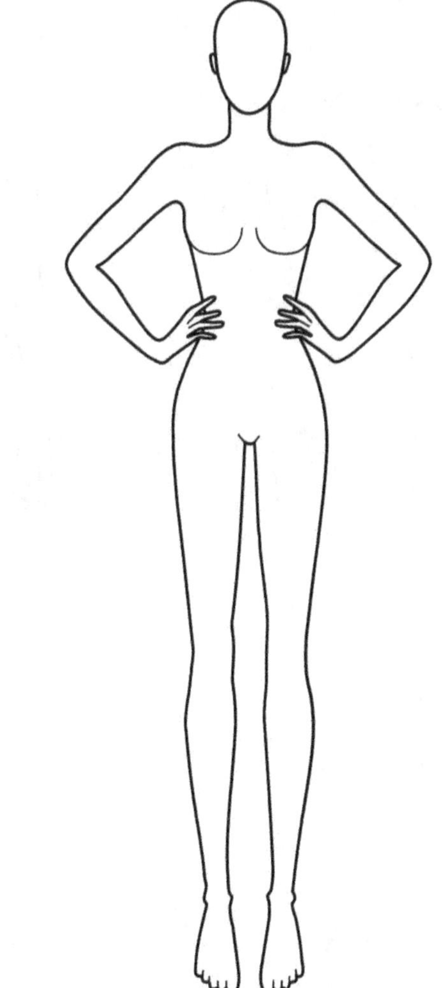

Focus sur les accessoires

Concevez un look où les accessoires sont les véritables vedettes. Chaussures, sacs, chapeaux, bijoux - tout est permis. Gardez les vêtements sobres pour laisser les accessoires briller. Cela développe votre sens de l'équilibre visuel dans une tenue.

Questions :
- Quel accessoire attire le regard ?
- Comment les vêtements soutiennent-ils cet élément ?
- Le look fonctionnerait-il sans l'accessoire ?

Astuce de pro : « *Les accessoires transforment une tenue basique en style signature.* »

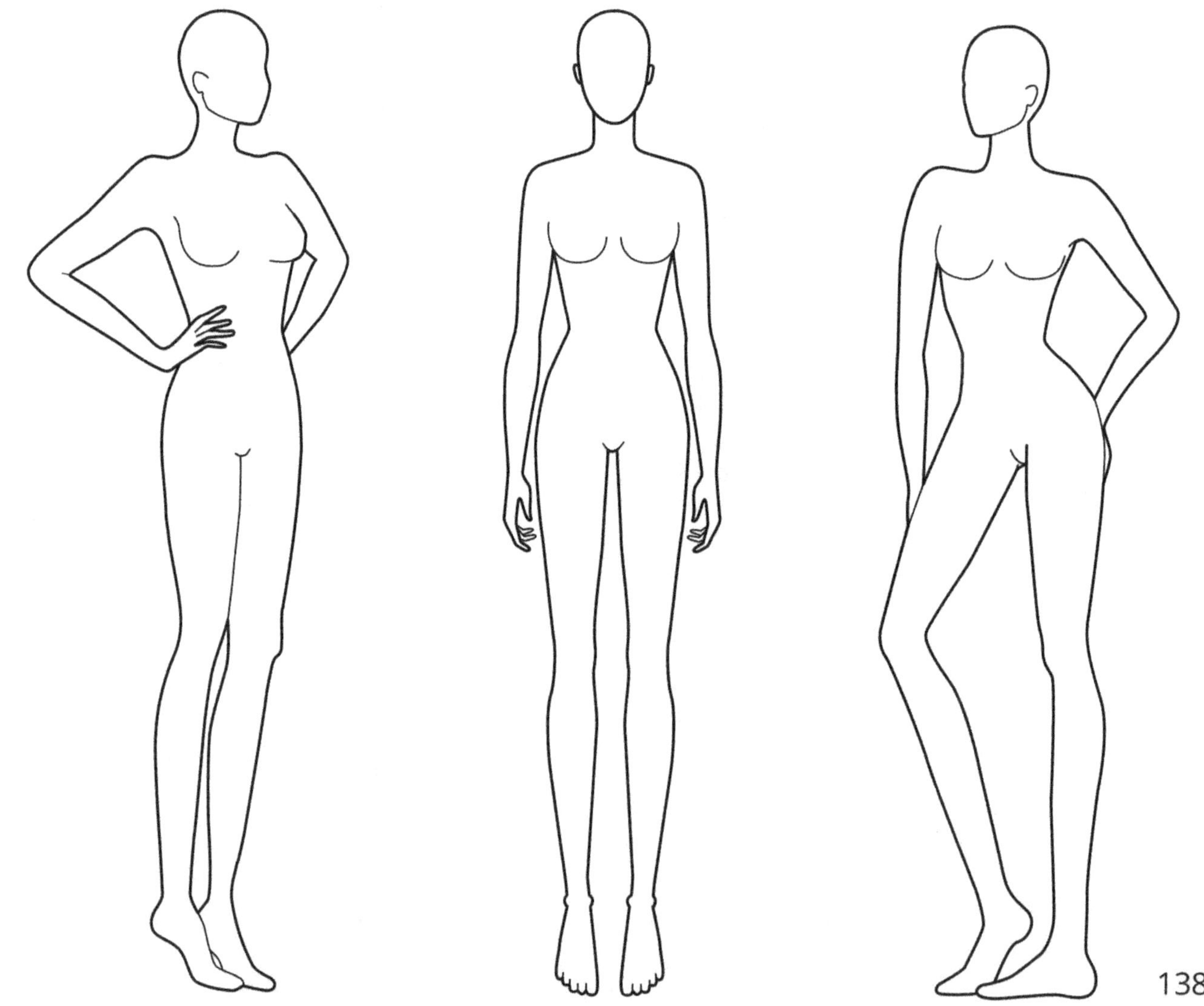

La mode à travers le temps

Choisissez une décennie ou un style historique et modernisez-le. Peut-être des manches victoriennes dans un look streetwear, des perles 1920 sur un survêtement, ou le grunge des années 90 revisité en tissus luxueux. Apprenez à puisez dans le passé pour créer du neuf.

Questions :
- Quelle époque vous a inspiré·e ?
- Quelle touche moderne avez-vous ajoutée ?
- Comment ce design s'intègre-t-il aux tendances actuelles ?

Astuce de pro *: « L'avenir de la mode s'inspire toujours de son passé. »*

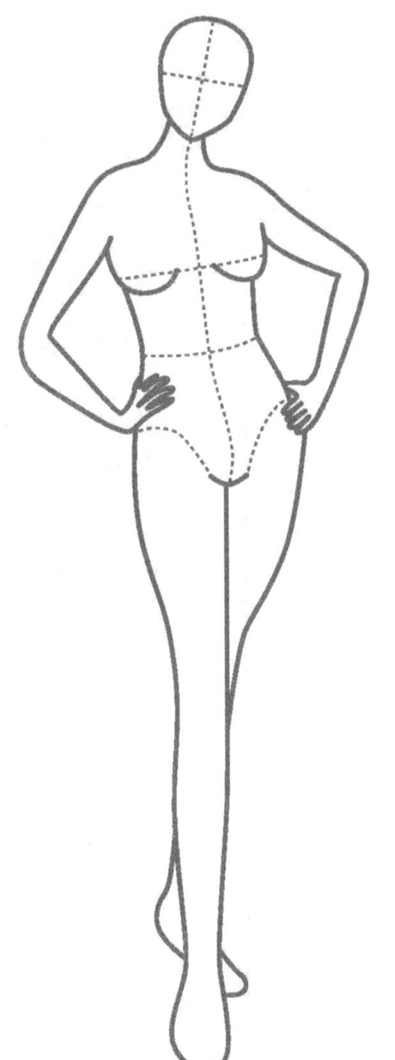
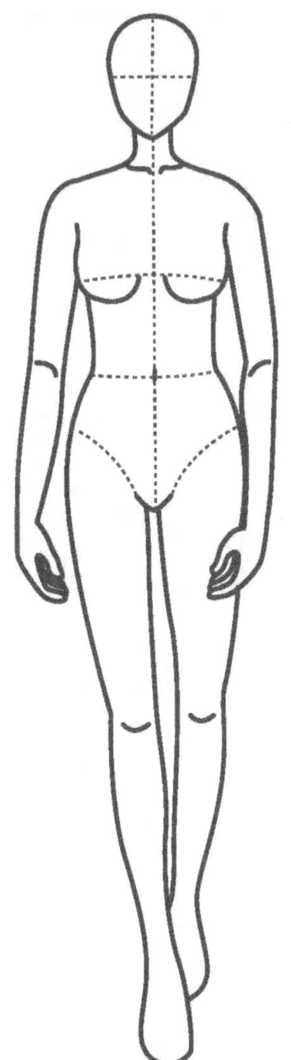

Du moodboard à la tenue

Créez un mini moodboard, puis concevez une tenue à partir de celui-ci. Rassemblez couleurs, textures, images qui vous inspirent, collez-les ici, puis traduisez l'ambiance en look portable.

Questions :
- Quel est le thème de votre moodboard ?
- Quels éléments se retrouvent dans votre design ?
- Le résultat reflète-t-il bien votre planche d'inspiration ?

Astuce de pro :
« Un concept fort = une collection forte. »

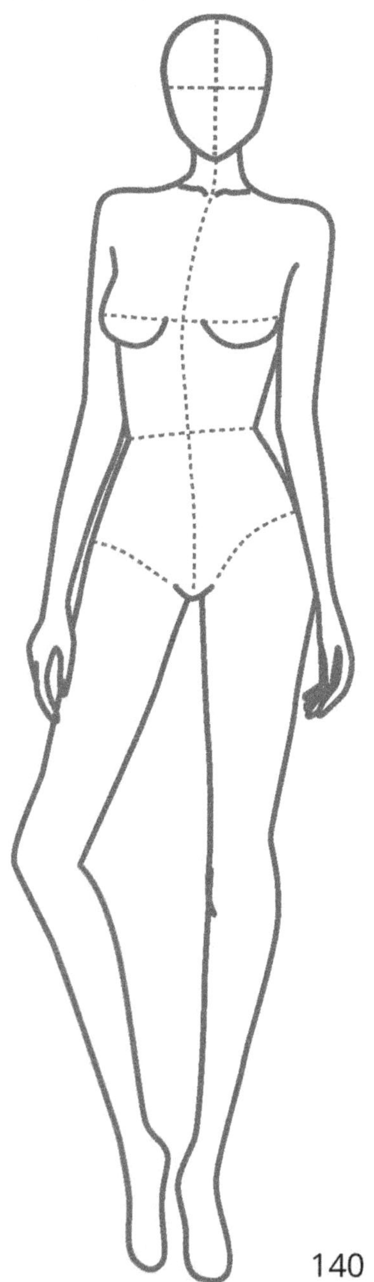

Chaque créateur a besoin des bons outils. Utilisez cette checklist pour préparer vos sessions de croquis et projets. Cochez au fur et à mesure que vous composez votre trousse créative.

Essentiels de conception
- Carnets de croquis & feuilles vierges ....
- Modèles de silhouettes ....
- Crayons (HB, 2B, 4B) ....
- Stylos fins & feutres ....
- Gommes & taille-crayons ....
- Règles & courbes françaises ....

Couleurs & textures
- Crayons de couleur ....
- Marqueurs à alcool ....
- Aquarelle ou gouache ....
- Échantillons de tissu ....
- Échantillons de texture ....

Outils & accessoires
- Ciseaux & cutters ....
- Colle / ruban adhésif ....
- Mètre ruban ....
- Épingles / pinces ....
- Pochette ou portfolio ....

Outils numériques (optionnel)
- Tablette graphique ....
- Stylet ....
- Logiciel de mode (CAO / applications de dessin) ....

Recherche textile
- Catalogues de tissus ....
- Magazines de tendances ....
- Matériaux pour moodboards ....

Mes tissus et marques préférés

- Espace de notes

Cette page est entièrement à vous ! Notez vos tissus, textures et marques favorites. Réfléchissez aux matériaux qui vous inspirent le plus - soie douce, denim solide ou velours luxueux.

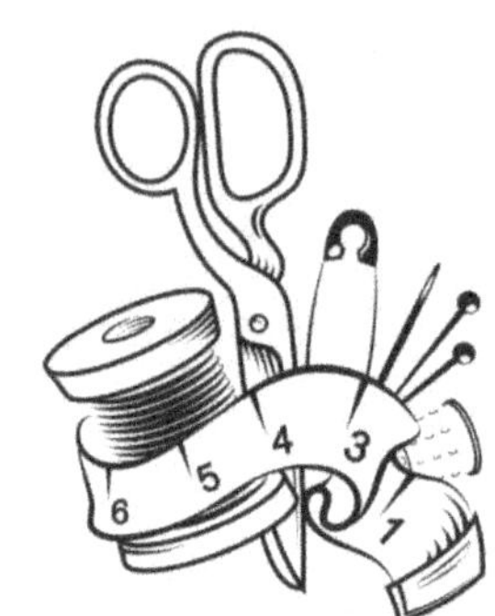

- Mes 3 tissus préférés :
- Tissus que j'aimerais utiliser :
- Boutique ou marque textile de référence :
- Tissu qui représente mon style :
- Matière de rêve à explorer un jour :

Laissez de l'espace pour vos notes et collez de petits échantillons si vous le souhaitez.

Mon journal personnel de mode

Un espace pour vos réflexions de créateur·rice.

Vous êtes arrivé·e à la dernière section du carnet - mais ce n'est que le début de votre aventure artistique.

- Ce que j'ai appris jusqu'ici :
- Mes créations préférées :
- Le style qui me représente le mieux :
- Mes prochains objectifs de designer :

« Chaque croquis est une nouvelle possibilité. Continuez à expérimenter, à dessiner, à créer. »

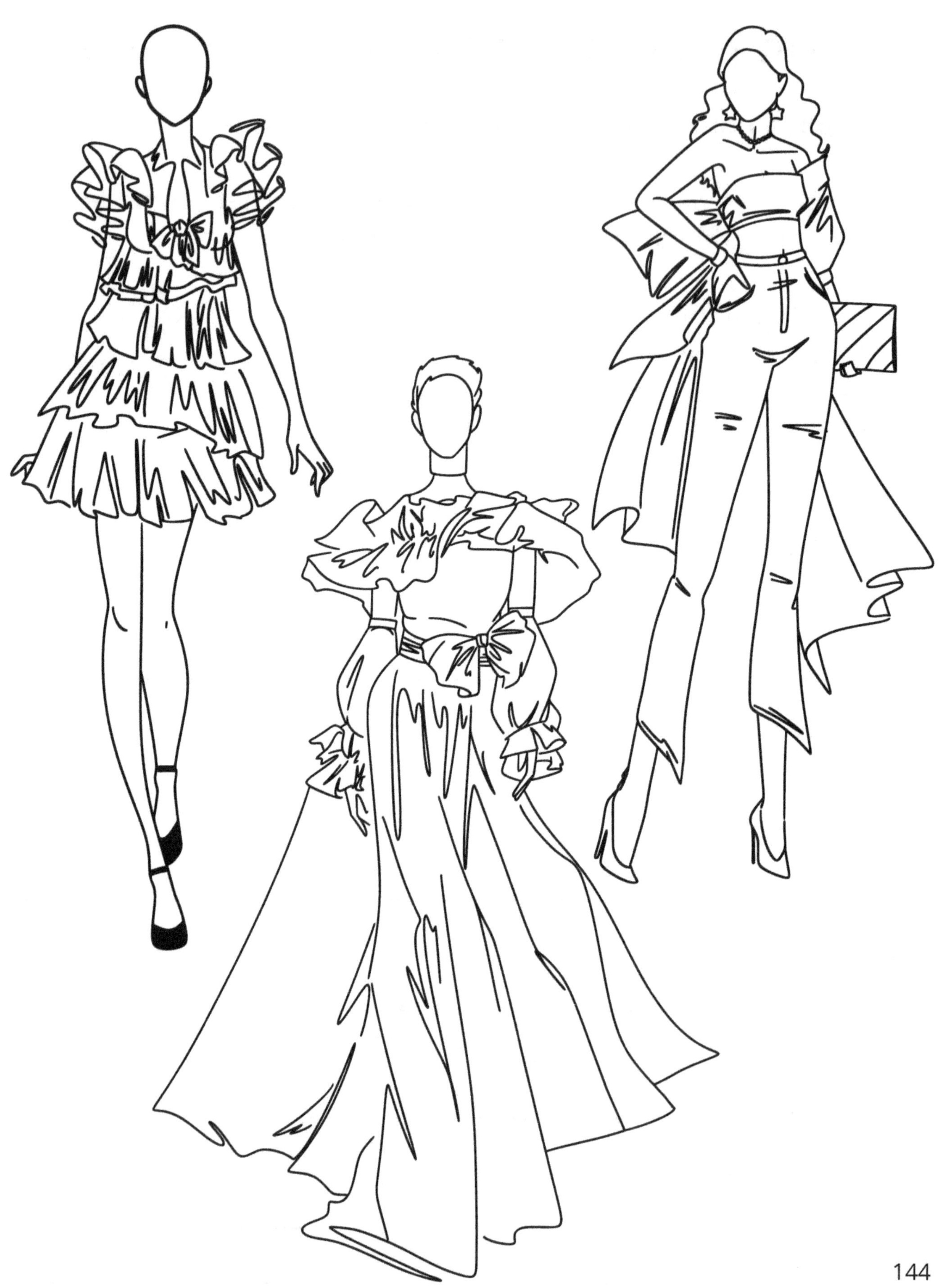

Félicitations !
Vous l'avez fait !

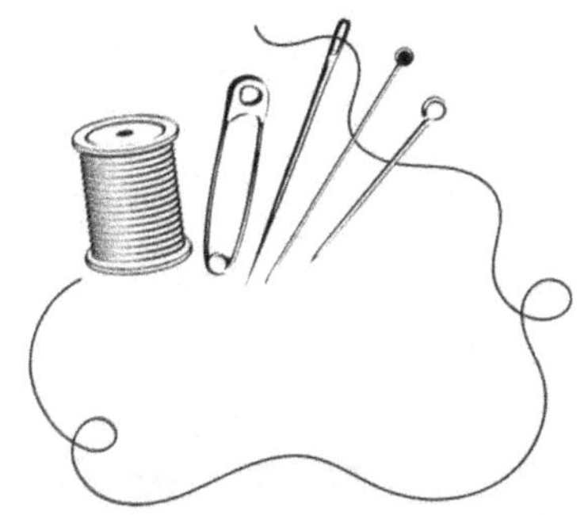

Félicitations, designer !

Vous êtes arrivé·e aux dernières pages de ce carnet de pratique - preuve de votre temps, énergie et créativité.

Chaque idée, croquis et note marque une étape de votre évolution.

La mode, c'est plus que des tissus et des vêtements : c'est une histoire, une identité, une création vivante.

Chaque exercice vous a rapproché·e de votre style unique et de la confiance dans votre art.

Souvenez-vous : la progression vient de la constance.

Continuez à explorer, à dessiner, et surtout - prenez plaisir à créer.

Merci d'avoir fait partie de cette aventure !

**Continuez à croquer, à imaginer,
et à exprimer votre vision du monde.**

Niky Jadesson

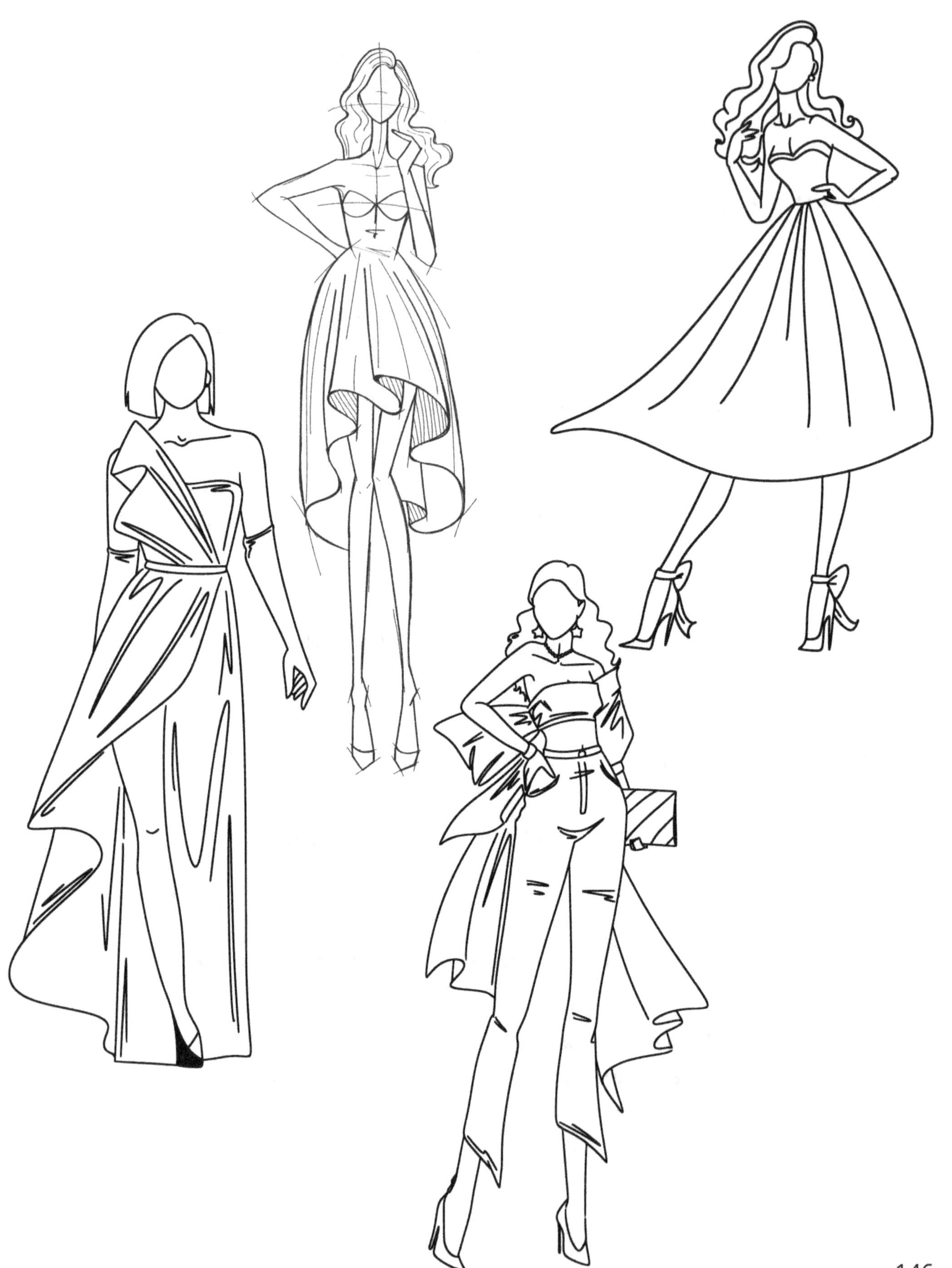

Merci !
(message final)

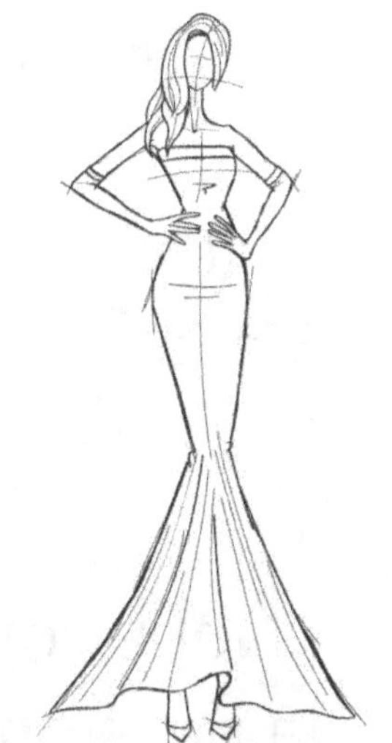

Merci d'avoir été là !

Nous espérons que ce carnet vous a inspiré et accompagné avec plaisir et créativité.

Votre soutien compte énormément.

En tant que projet indépendant, chaque avis, mot gentil ou suggestion nous aide à continuer à créer des outils pour les designers de mode en herbe.

Pour tout retour ou message :
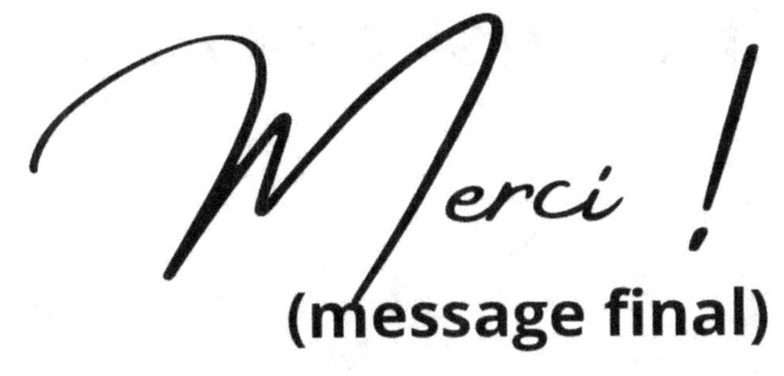 nikyjadesson@gmail.com

Découvrez d'autres carnets de croquis signés **Niky Jadesson Books**.

Merci d'avoir fait partie de cette aventure -

que votre créativité continue de briller
à chaque nouveau croquis !

Niky Jadesson

Merci d'avoir choisi ce carnet !

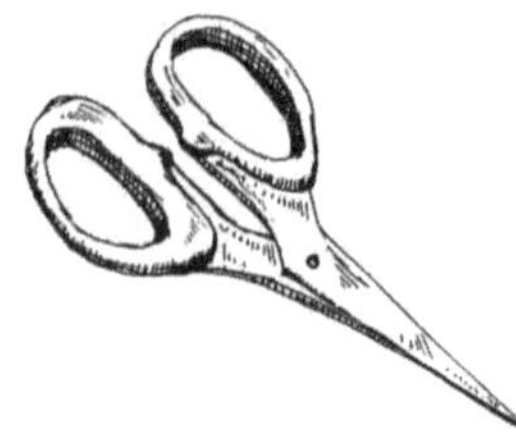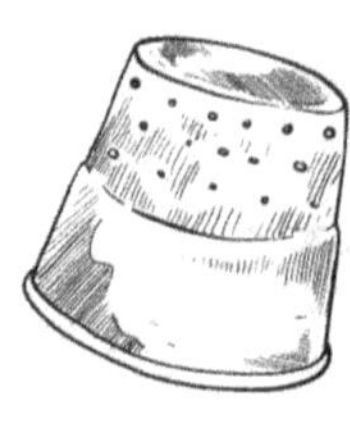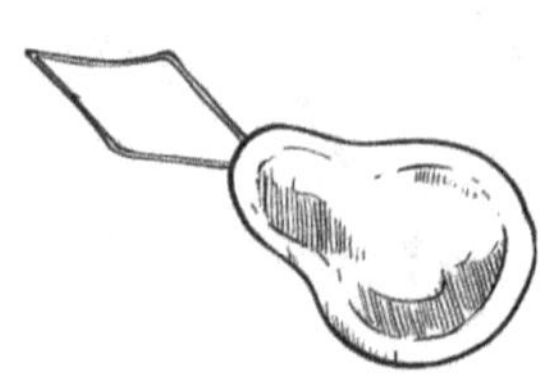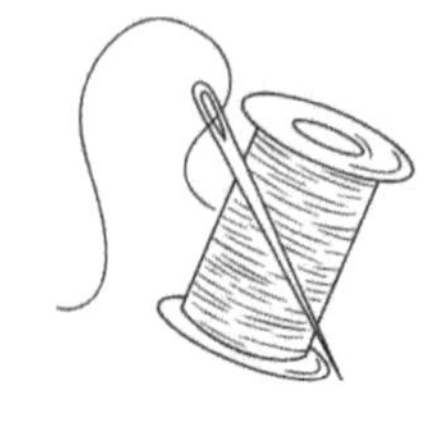

Nous vous remercions profondément pour le temps, la passion et l'énergie investis dans ce carnet.

Votre créativité nous inspire à continuer à concevoir des ressources favorisant la croissance, la confiance et l'expression de soi.

Si ce carnet vous a été utile, laissez un avis : cela aide d'autres créateurs à le découvrir et soutient notre mission.

Pour explorer plus de designs, cherchez **Niky Jadesson Books** en ligne.

Et surtout :

Continuez à croquer, à créer, et à donner vie à vos idées !

Niky Jadesson

À propos de l'auteure

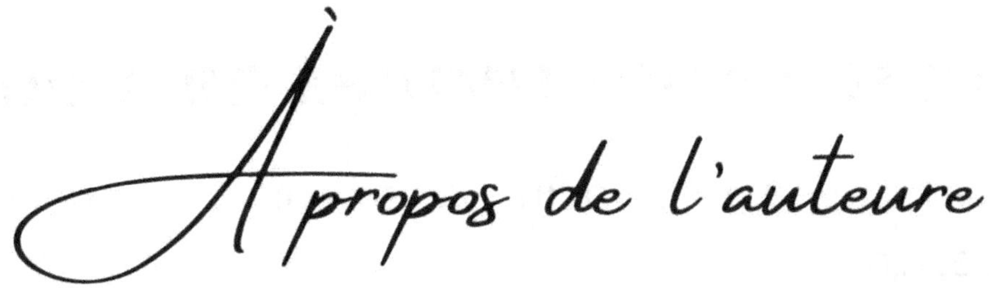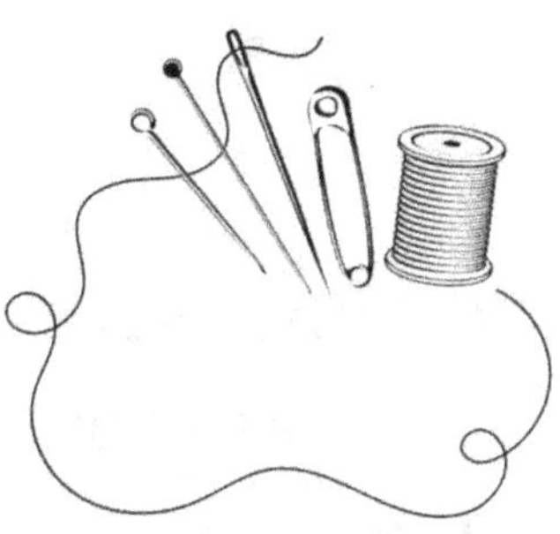

Niky Jadesson est une autrice et designer passionnée par la créativité et la pédagogie artistique.

Elle crée des ouvrages qui aident chacun à développer ses talents tout en s'amusant à apprendre.

Son inspiration vient de la joie d'apprendre, de la beauté de la transformation, et de la confiance née de la pratique.

Lorsqu'elle ne travaille pas sur un nouveau projet, Niky aime se promener dans la nature, déguster du thé, et imaginer de nouvelles façons de rendre la créativité accessible à tous.

Sa mission est simple : inspirer et encourager chacun à s'exprimer, une page à la fois.

Découvrez davantage de ses créations en cherchant :

Niky Jadesson Books

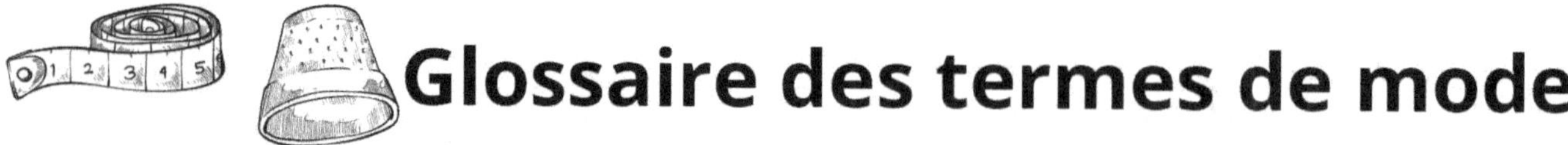

Glossaire des termes de mode

- **Silhouette** - Forme générale d'un vêtement ; première impression d'un design.
- **Patron -** Modèle servant à découper les pièces de tissu.
- **Tombé (drape) -** Manière dont un tissu chute ou se déploie sur le corps.
- **Couture (seam) -** Ligne de points reliant deux pièces de tissu.
- **Ourlet (hemline) -** Bord inférieur d'un vêtement, fini pour éviter l'effilochage.
- **Corsage (bodice) -** Partie supérieure d'un vêtement couvrant le buste.
- **Taille (waistline) -** Ligne où le haut rejoint le bas d'un vêtement.
- **Plis (pleat) -** Repli du tissu ajoutant du volume ou du relief.
- **Fronces (ruching) -** Tissu rassemblé pour créer texture ou forme.
- **Doublure (lining) -** Couche intérieure pour confort et finitions.
- **Textile -** Tissu tissé, tricoté ou manufacturé utilisé en mode.
- **Fibre -** Matière première d'un textile (coton, laine, soie, polyester...).
- **Couture (Couture) -** Mode haut de gamme faite sur mesure.
- **Prêt-à-porter (RTW) -** Vêtements produits en tailles standardisées.
- **Garde-robe capsule -** Collection restreinte de pièces essentielles combinables.
- **Superposition (layering) -** Association de plusieurs vêtements pour créer de la profondeur.

Glossaire des termes de mode 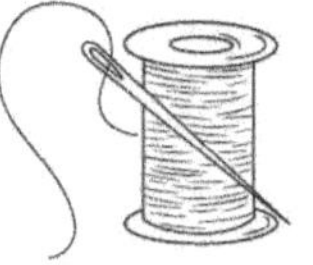

- **Palette de couleurs -** Ensemble de tons choisis pour une collection ou un look.
- **Tendance (trend) -** Style dominant à une période donnée.
- **Moodboard -** Collage d'images, couleurs et textures inspirantes.
- **Pince (dart) -** Couture formant le tissu pour épouser les courbes du corps.
- **Empiècement (yoke)** - Panneau servant de support au vêtement (épaules, hanches).
- **Biais (bias cut) -** Coupe du tissu en diagonale pour plus de fluidité.
- **Garniture (trim) -** Élément décoratif comme la dentelle ou les rubans.
- **Fournitures (notions) -** Petites pièces (boutons, fermetures, crochets...).
- **Mode durable** - Création respectueuse de l'environnement et de l'éthique.
- **Fast fashion -** Mode produite rapidement et à bas coût selon les tendances.
- **Haute couture -** Sommet de l'artisanat de mode, souvent unique.
- **Collection -** Ensemble coordonné de pièces créées pour une saison.

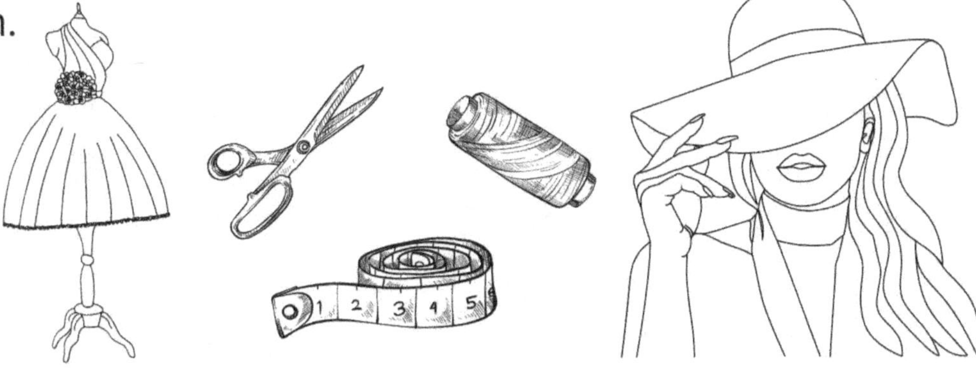